JN188119

Gracias a todos los amigos de España quienes me enseñaron sus platos.

Gracias a mi madre que me dejó ir a España.

Gracias a mi marido Carlos que me ha animado siempre.

Gracias a mi perrito Taranto que está siempre a mi lado.

ありがとう!

自分の得意料理を教えてくれた、スペインのすべての友達に。

私を快くスペインに送り出してくれた母に。

いつも私の仕事を応援してくれる夫カルロスに。

いつも私の傍にいてくれる愛犬タラントに。

Con admiración a Mari Watanabe

*Hace mas de 20 años, a raíz de la cocina gastronómica,
conocí a Mari Watanabe.*

*Me impresionó su capacidad divulgadora y gastronómica,
para disfrutar y comprender la diversidad de platos de cocina,
del crisol cultural español.*

*Es muy natural que Mari Watanabe, con sus conocimientos,
experiencias y vivencias en España, haya sentido el impulso de
escribir recetas tradicionales de cocina española, para que,
con toda facilidad se puedan elaborar en casa.*

*Con este libro, como la propia Mari,
ustedes se enamorarán de la cultura culinaria española.*

Carme Ruscalleda

まりさんとは美食の世界を通して、20年以上前に出会いました。スペインの多様な文化が生み出す料理の数々を理解し楽しむ彼女の、食文化への深い理解とそれを広めていく能力は、私に強い印象を与えました。そんなまりさんが、誰でも家庭で簡単に作れるようなスペイン伝統料理の本を書こうと思い立ったのは当然のことだと思います。
この本を読んだら、みなさんもきっとまりさんと同じように、スペイン料理に恋するでしょう！

「サンパウ」
カルメ・ルスカイェーダ

毎日つくる スペインごはん

Cocina española casera, para el día a día
Con aceite de oliva, huevos, patatas...

オリーブオイルと、卵と、じゃがいもと……

スペイン料理研究家
渡辺万里

現代書館

はじめに

語学の勉強にと、軽い気持ちでスペインへ行き始めてから40年になります。スペインの食文化を学ぼうと決意して、マドリードで腰を据えて学び始めてからも30数年。そのあいだに、スペイン料理に対する日本人の認識もずいぶん変わったし、スペイン料理店も増えました。もう「スペイン料理とは?」とわざわざ説明しなくてもいい時代になったかもしれません。

ところが「スペインの家庭料理」は意外と知られていません。スペインの食の土台は家庭料理なのに。それぞれの地方の主婦たちが、母から娘へと伝えてきた郷土料理なのに……。しかもスペインの家庭料理は、そのまま日本で作っても十分おいしく、気に入っていただけるものがたくさんあります。

だから、スペインの家庭料理がどんなにシンプルで作りやすくて、それでいて魅力的かを伝えられたらと願って、この本を書きました。私のエピソードを読んで「この料理、作ってみたいな」と思った方は、レシピを見て作ってみてください。どれもとても簡単です。

でも私の気持ちとしては、これは厳密には「料理の本」ではありません。スペイン各地で散々食べ歩いた私の、スペイン料理へのラブレター。私に自慢の料理を教えてくれたスペインの女性たちへの感謝の印。そして今は日本で暮らす私が手軽に毎日のように作っている、スペインの味がする家庭料理のお裾分けなのです。

どうしても必要なものは1本のオリーブオイルだけ。あとは身近にある材料で、そこからスペインの食卓が始まります。気取らなくて温かで、おいしい匂いのする食卓が。スペインの人たちのうれしそうな笑顔が見えてくるような食卓が。そんな食卓へ、皆さんもぜひご一緒に!

Quisiera felicitar a la cocinera y gran amiga, Mari Watanabe, en nombre también de mi padre y de la casa Arzak, por la publicación - en japonés- de este libro de cocina española popular.
Y es que, durante casi cuarenta años, ha venido investigando, visitándonos en sus incesantes viajes y sabiendo divulgar nuestra cultura gastronómica en su país.
Una obra que refleja, con sencillez, la cocina del ama de casa, con respeto a los sabores genuinos.
Siendo más que un recetario, ya que recoge también la historia y la identidad de los platos más reconocidos, entre los que se encuentran algunos de la cocina vasca popular, que tanto aprecia.

Elena Arzak

私と父のフアン・マリと「アルサーク」の一同から、本の出版を心からお祝い申し上げます。
まりは40年前からスペイン料理を研究するために私たちの店に足繁く通い、スペインの美食文化を日本に広めてきました。この本には本物の味にこだわりながらも、スペインの家庭の主婦たちの料理がわかりやすく紹介されています。しかも単なるレシピ本ではなく、料理の歴史や由来も解説。彼女が大好きなバスク料理も含まれています。

「アルサーク」
エレナ・アルサーク

Cuando conocí a Mari enseguida reconocí en ella la pasión, la ilusión y la sabiduría con la que vivía la gastronomía.
Anfritiona entre anfritiones, me abrió las puertas de su casa y de su corazón mostrándome Japón.
Su pasión por España, sus gentes y su gastronomía, que lleva en la sangre y transmite por todos sus poros se ve reflejada en sus alumnos y allegados a través de esa sonrisa eterna.
Es sin duda la mejor abanderada de nuestra cultura allá donde ella va.
Un libro más, al que ha dedicado su tiempo y en el que ha plasmado su pasión, su historia y todo el amor por la cultura gastronómica de su país adoptivo.
Gracias por darnos tanto y por ser como eres.

Lucia Freitas

美食の世界に生きるまりの情熱と知識は、会えばすぐにわかります。スペインの食文化への熱い思いは彼女の体を流れていて、笑顔とともにまわりの人々に届くのです。私たちの文化の旗手として、彼女以上の人はいないでしょう。
この本は、第二の故郷スペインへの彼女の愛情の結晶です。まり、あなたに出会えたことに感謝を込めて。

「ア・タフォーナ・デ・ルシア・フレイタス」
ルシア・フレイタス

Índice もくじ

Segundo Plato

デザート Postre

Fiesta de verano

La cena de Navidad

コラム

第一の皿
Primer
Plato

Tortilla de patatas
じゃがいものオムレツ

［トルティージャ・デ・パタタス］

スペインの家庭料理といえば、
まずはトルティージャ。作り方は簡単で、
でも意外とコツが必要なこの料理は、
「上手にできるようになったら
お嫁に行ける！」と下宿先で
励まされながら習った料理でした。

スペインに「おふくろの味」というものがあるとしたら、それは疑う余地なくトルティージャ・デ・パタタスだと思います。毎年夏にスペインで、とある清涼飲料水メーカーが行う「家庭料理・人気ベストテン」というアンケートでも、トップはかならずトルティージャ。もっとごちそうに思えるステーキや高級感のあるシーフード、日本人の大好きなパエージャを押しのけての1位です。

トルティージャとは簡単にいってしまうと、じゃがいもを主な中身として、丸くフライパンの形に焼いたオムレツです。スペインでは、ただ「トルティージャ」といえば、「じゃがいも入り」と断らなくてもこの料理が出てきます。じゃがいも以外には少量の玉ねぎを入れることが多く、少量のピーマンを加えるという人もいますが、このあたりからトルティージャの定義は一人ひとりの好みの世界へと細分化されていきます。というのも、この料理がスペイン人にとって究極の家庭料理だからです。

その証拠に、同じアンケートのなかの「誰の作るトルティージャが1番おいしいと思うか？」という質問の答えは「母親」「配偶者」「自分自身」となっています。レストランでもバルでもない、お母さんが子供の頃からいつも作ってくれたトルティージャが最高なのです。

私にとっても、トルティージャは常にスペインの家庭料理の象徴でした。最初に下宿した家のお母さん、ファニータは料理上手で、つつましい家計のなかでおいしい料理をいろいろ作ってくれましたが、私が学校に行く時、毎日のように持たせてくれるお弁当が、このトルティージャのボカディージョ（バゲットサンド）でした。だから私にとってスペインの「お母さんの味」は、ファニータのトルティージャです。

オリーブオイルを吸ってしっとりと甘いじゃがいも。ギリギリの半熟状態で、バゲットにギュッとはさまれると少しずつ液体が出て来る卵。その卵液がパンをおいしくしてくれる。このボカディージョをかじるのが、私の学校生活の楽しみでした。

でき立てもおいしい。冷めてもおいしい。卵とじゃがいもという質素な材料でできる。これこそ、貧しくても心豊かなスペイン庶民の料理だな、と私は今でもありがたくファニータ母さんのお弁当を思い出します。

トルティージャのおいしさの決め手は「焼き加減」。そこで登場するのが、「ポコ・エッチャ」という言葉です。これは少ししか加熱していないという意味で、言い換えれば「半熟の」ということになります。これが大部分のスペイン人の考えるおいしいトルティージャの条件。考えてみたら卵料理は、フランスのオムレツも日本の卵焼きも、「焼き過ぎていない」半熟の状態がベストですから。

つい先日、マドリードの行きつけのバルで「焼き立てだから食べて」と出してくれたトルティージャを口に入れた私は、その完璧さに感銘を受けました。外はこんがり、なかはとろふわ。じゃがいもの甘さ、適度な塩加減。有名でもなんでもないバルの料理人のトルティージャのおいしかったこと！

こういう焼き上がりにするには、練習あるのみ。やる気のある方はぜひ、私のレシピで挑戦して、どんなバルよりおいしい、おうちのトルティージャを作ってください。

さてここで半熟のオムレツを巡る古いお話をひとつ。スペイン北部カスティージャ・イ・レオン地方にあるメネセス・デ・カンポスという小さな村に伝わる伝説です。舞台は9世紀なので、まだじゃがいもはヨーロッパに登場していません。じゃがいもは、コロンブスがアメリカ大陸に到達したあとで新大陸からやって来たのですから。つまりこれは、卵だけのシンプルなトルティージャのお話です。

当時、その地方を統治していたレオン王国では、100人の乙女を選んでモーロ（アラブ人）の王に献上することになっていた。オルドーニョ王の娘の王女もそのひとりに選ばれたが、そんな運命を嫌って宮廷から逃げ出す。王女がたまたま行き着いたのがメネセス・デ・カンポスの村で、この村の豪族テージョ氏の屋敷で、身分を隠したまま下働きの娘として暮らすことになる。時が経ち、この村にたまたま王女の父であるレオン王が訪れることになった。テージョ氏の館で食事をする王に、王女は父王の好物であるマラサーダ（半熟のトルティージャ）に王女である証の指輪を入れて作り、食卓に出す。王は好物のトルティージャを食べ、そのなかに王家の指輪を見つけて娘からのメッセージを読みとり、逃げた娘を許すとともに、テージョ氏の長男に嫁がせる約束をする。この時からテージョ氏の紋章には、6個のトルティージャがきざまれることになった……。

近年この村では、8月に「マラサーダの日」と名づけたイベントを行っています。マラサーダとはマル・アサーダ、つまりよく焼けていないという意味で、「生焼けトルティージャ祭り」ということになります。

ところでじゃがいも入りトルティージャは、いつ頃から存在したのでしょう？　1817年のナバラ地方の貧しい農村地帯をルポした文書に、こんな一節が出て来ます。

「2個か3個の卵で、5～6人のためのトルティージャが作られる。このあたりの主婦たちは、少ない卵にじゃがいもやパンくずを混ぜてトルティージャを大きく分厚くするという秘訣を知っているからだ」

いっぽう「トルティージャのルーツ」についてのエピソードも、同じナバラ地方を舞台にしています。こちらは、バスクからナバラにかけての農村地帯で、

1833年から1840年にかけて繰り広げられた第一次カルリスタ戦争という内戦が舞台です。軍隊が駐屯した村で食糧が尽きてしまい、困った農家の主婦が、最後に残っていた卵にじゃがいもを加えることで量を増やしてオムレツを作ったのが兵隊たちに好評で、たちまち普及したというお話。いずれにしても、じゃがいものトルティージャ誕生の裏には、食糧不足があったということになりそうです。

じゃがいもがアメリカ大陸からやって来てから約2世紀。修道院や施療院の畑に始まり、次第に存在を知らしめてきたこの食材は、トルティージャという形をとることによって初めて、スペイン人の食卓に喜んで迎えられる「おいしい料理の食材」としての歴史を歩み始めたのです。

21世紀の今、スペイン人に好まれる家庭料理のトップの座にあるトルティージャのはじまりが「貧しさゆえに卵の量を増やすための工夫」だったと知っている人は、もうスペインでも少ないかもしれません。

たっぷりのオリーブオイルでゆすり続けて。

じゃがいもを手の上でスライスするのがスペイン風。

Receta

材　料（20㎝のフライパン1台分）

オリーブオイル……約¼カップ
じゃがいも……小3個
玉ねぎ（スライス）……¼個
卵……7個
塩……小さじ1

作り方

1 フライパンに多めのオリーブオイルを入れる。玉ねぎを入れ、じゃがいもを手の上でそぎ切りしながら入れる。火にかけ、低温の油で煮るように火を通す。

2 ボウルに卵を割り入れて軽く溶き、フライパンに油を残した状態で1を加える。塩を加える。

3 必要なら油を足して2を注ぎ入れる。フライパンを水平にゆすりながら半熟に焼き上げ、皿をかぶせてフライパンをひっくり返して皿にのせ、そのままフライパンにスライドさせてもどし、反対側を焼く。

Tortilla de patatas

Fabes con almejas

アサリと白いんげん豆の煮込み

［ファベス・コン・アルメハス］

スペインの食卓に欠かせない豆料理。大粒の白いんげん豆とアサリのシチューは
やさしい味で、「豆は甘く煮るもの」と思っている日本の人たちにも、
きっと気に入ってもらえるのではないでしょうか。

北部海岸に面したアストゥリアスは、広さも狭く険しい山が多くてあまり観光資源もなく、外国人にはそれほど知られていない地方かもしれません。でも、スペインの歴史のなかでは大事な地方。南からどんどんイベリア半島に進出してきたアラブ民族を迎え撃つカトリックの軍勢が、最後に立てこもったのがこのアストゥリアスの山のなかだというのです。そしてここから反撃して、数世紀かかったけれど、やがて今のスペインの土台であるカトリックの国カスティージャ王国ができていきます。

そんなアストゥリアスを象徴する食べものが、普通の白いんげん豆より大粒で、煮るとふっくらする甘みの濃い「ファベス」と呼ばれる豆です。このファベスの料理で1番有名なものは、いろいろな部位の豚肉と一緒に煮込んだ「ファバーダ」という煮込み料理で、なるほど、こういう料理をたっぷり食べたキリスト教徒が、体力にものを言わせてイスラム教徒を負かしたのかもしれない、と想像したくなるような濃厚さです。

ところが、同じ豆をアサリと煮込むと、驚くほどまろやかでやさしい味になります。私は海辺の街ヒホンの旧市街のレストランで食べて以来この料理の大ファンで、これは絶対に日本人向きの料理だとかねがね思っているのですが、残念なことに、この豆は日本にはありません。

見た目は似ている北海道産や長野県産の白花豆という大粒の豆を煮ると、ゆっくり煮ることで豆そのものはやわらかくなっても、皮がそこまでやわらかく煮えないのです。口のなかに皮が残るとスペイン人の感覚としては落第なので、これは東京の我が家では長年「作れない料理」ということになっていました。でも、それもなんだか残念。そこで、この料理に関しては割り切ることにしました。これは日本人向けに作ろう！　スペイン人には「皮が少し口に残るけど許してね」と先にあやまってしまえばいい、と。

もちろん、できる限り豆をやわらかく煮るという基本ルールは変わりません。圧力鍋を使ってもいいと思います。そして最後に、アサリをたっぷり加えて。スペインの北の海辺らしい素朴で温かな味わいを楽しんでください。

Receta

材　料（4人分）

白いんげん豆（水煮）……2カップ

玉ねぎ（皮をむいて半割り）……1個

ピーマン（種をとって半割り）……½個

にんにく……4片（3片は丸、1片はみじん切り）

パプリカ……大さじ1

オリーブオイル……¼カップ

たかのつめ（種を取って輪切り）……1本

アサリ（殻付き）……2カップ

白ワイン……½カップ

塩……適量

イタリアンパセリ（粗みじん切り）……適量

作り方

1 鍋に白いんげん豆、玉ねぎ、ピーマン、にんにく（丸）を入れ、ひたひたの水（分量外）を加えて20分間煮る。パプリカを加え、軽く塩をする。

2 火からおろし、玉ねぎとピーマンとにんにくを鍋から取り出し、ミキサーにかけてピュレにしてから鍋にもどす。

3 フライパンにオリーブオイルとにんにく（みじん切り）、たかのつめを入れて火にかけ、香りが出てきたらアサリを加える。白ワインを加えて蓋をし、殻を開かせる。

4 アサリを殻のまま2の鍋に加える。フライパンに残った汁も漉して加える。火にかけて軽く煮て、塩で味をととのえる。イタリアンパセリをふる。

Fabes con almejas

P15

Arroz al horno
P19

Arroz al horno

オーブンで焼く米料理

［アロス・アル・オルノ］

やわらかく煮込んだ肉類。オリーブオイルで甘みを増したじゃがいもやトマト。
お米と一緒に土鍋に入れて、オーブンでこんがりと……。
こんな米料理もあるのです。スペインの稲作地帯、バレンシアから。

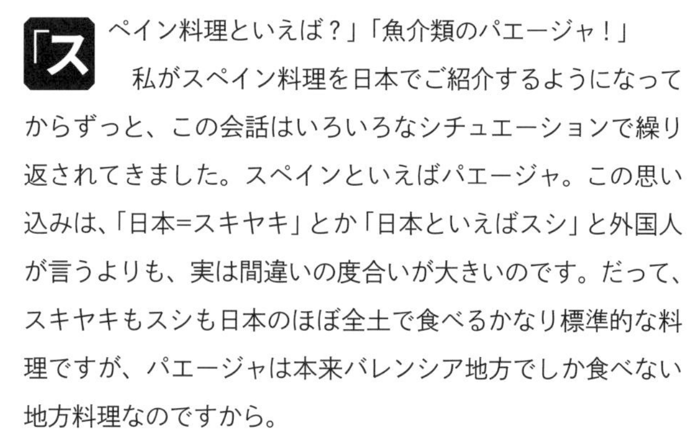

「スペイン料理といえば？」「魚介類のパエージャ！」

私がスペイン料理を日本でご紹介するようになってからずっと、この会話はいろいろなシチュエーションで繰り返されてきました。スペインといえばパエージャ。この思い込みは、「日本=スキヤキ」とか「日本といえばスシ」と外国人が言うよりも、実は間違いの度合いが大きいのです。だって、スキヤキもスシも日本のほぼ全土で食べるかなり標準的な料理ですが、パエージャは本来バレンシア地方でしか食べない地方料理なのですから。

地中海沿岸のバレンシアはアラブ人が米の栽培を始めて以来スペイン一の米どころで、いろいろな米料理が生まれてきました。パエージャ以外にも調理法も材料も異なる、さまざまな米料理があります。海辺では海の素材で、山では山の素材で、普段は質素な材料で、お祭りにはぜいたくに。バレンシアでは毎日のように米料理を食べる家庭が多く、米を使ったハレの料理もケの料理もあるのです。

この料理は、スペイン独自のカスエラ・デ・バロ（素焼きの土鍋）を使って、オーブンで米をほっくりと焼き上げます。パエージャは専用の浅い鉄鍋を使って直火で焼きますが、この土鍋のオーブン焼きのほうが、日本人の考える「おいしいお米」の食感に近いでき上がりではないかと思います。

それと、これはもともと「余りもの」料理でした。この本でも紹介する「コシード（P46）」、つまりたっぷりの野菜と肉を煮込むシチューが余った時に、その肉で作る米料理だったのです。余った料理が装いを変えておいしく変身する節約料理にはどれも、主婦たちの工夫や知恵や家族への思いやりが詰まっていて、余計においしい気がします。余りものではないまでも、あり合わせのものや冷蔵庫にある材料だけで作る。そんなことが可能な料理です。

本来は、豚の骨や生ハムの骨でスープをとりますが、素材から十分味が出るので、家庭では固形スープを使ってもかまいません。また、オリジナルの材料のなかで、モルシージャ（血のソーセージ）だけが日本ではほとんど入手できないので省きましたが、十分バレンシアの田舎らしい味が出せます。

Receta

材　料（4人分）

スープストック（熱湯に固形スープを溶かす）……2カップ
じゃがいも……中2個
豚バラ肉（約1㎝幅に切る）……200g
チョリッソ（スライス）……100g
ホールトマト……1カップ
玉ねぎ（粗みじん）……1個
ガルバンソ（ひよこ豆。水煮）……1カップ
米（洗わない）……1カップ
トマト（輪切り）……1個　にんにく（皮付き）……1個
オリーブオイル……適量　サフラン……少量　塩……適量

作り方

1. スープストックを火にかけ、湯（分量外）に溶いたサフランを加えて香りが出るまで加熱する。
2. フライパンにオリーブオイルを入れ、じゃがいもを手の上でスライスしながら加えてソテーする。火が通ったら取り出しておく。
3. 土鍋（または厚手の鍋）にオリーブオイルを少量入れ、豚バラ肉、チョリッソを軽くソテーして取り出しておく。
4. 3の土鍋に玉ねぎを入れて軽くソテーする。ホールトマトと1のスープストックを入れ、火が通ってきたらガルバンソを加える。米を加えて少し火を通す。塩で味をととのえる。
5. バラ肉とチョリッソを鍋にもどし、2のじゃがいも、トマトを表面に並べて丸ごとのにんにくものせる。煮たったら混ぜて米をならし、200℃のオーブンに20〜30分間入れる。オーブンから出して5分ほど蒸らす。

Chorizo チョリッソ

日本では辛口ソーセージとして知られるチョリソーはスペイン生まれでチョリッソと呼ばれます。もともとは辛くないパプリカ風味のソーセージです。辛いチョリッソはメキシコから日本に伝わったとされ、スペインのチョリッソは残念なことに日本ではあまり売っていません。

粗くきざんだ豚肉に大量のパプリカで香りと味をつけて熟成させたチョリッソは、そのまま食べたり焼いたりするだけでなく煮込み料理でも活躍しますが、手に入らないときは、代わりにたっぷりのパプリカを煮込みに加えてください。そうすれば、スペインらしい味に仕上がります。

辛いチョリッソを加えるとまったく違う味の料理になってしまいます。また、こしょう味のついたサラミ系ソーセージも代用にはならないので、ご注意を。

皮付きの
にんにくを丸ごと
鍋の真んなかに。

Judías pintas con setas de caldo

金時豆とエリンギの煮込み

［フディアス・ピンタス・コン・セタス・デ・カルド］

バスク地方の内陸部の豆料理です。「豆ときのこ」という
ちょっと意外な組み合わせが、ごはんにもワインにも合う
すっきりした味を生み出します。

バスク地方といえば美食の地として知られていますが、話題になるのはサン・セバスチャン、ビルバオなど海辺の町ばかりで、内陸のバスクはほとんど話題にのぼりません。確かに海辺には豊富な魚介類はあるし、すぐれた料理人や名を知られたレストランも多くて魅力がありますが、内陸にも美食度の高い町はあります。そのひとつがトロサです。

トロサの赤ピーマン料理は有名で、わざわざ遠くから食べにくる人も多い昔風のレストランがあります。有名なお菓子屋さんもあって、そこには付属の「お菓子博物館」まであります。そして、この町の名物のひとつが「アルビアス・デ・トロサ=金時豆」です。

町の食堂で気に入って教えてもらったこのレシピは、他の地方ではあまり見かけない金時豆を上手に使っていて、しかも組み合わせているのがエリンギなので、きのこ好きな私は日本でもよく作るようになりました。

白いんげん豆はアメリカ大陸からやってきた豆ですから、スペインの豆のなかでは1番歴史の浅い豆ということになります。レンズ豆のように、聖書にも出てきたくらいヨーロッパに根づいていた豆ではありませんが、今ではスペインの食卓に欠かせない存在です。スペイン全体としては白いんげん豆の方がポピュラーですが、トロサではただアルビアス（いんげん豆）といえば金時豆のことをさすほど、こちらが一般的。パプリカ味で煮込んで辛い緑の唐辛子を添えて食べるのがクラシックなレシピですが、きのこを加えると味に立体感が出ます。味つけはもちろん、名物のパプリカで。

バスクの田舎を旅していると、家の窓や壁につないだ赤ピーマンを干している光景をよく見かけます。干したピーマンを粉末にしたのが、調味料のパプリカです。干したまま保存して使う時に水でもどして使うのは「チョリセーロ」と呼ばれる細長い形の赤ピーマンで、どちらもバスクの郷土料理には欠かせません。でも考えてみたら、ピーマンもアメリカ大陸からやって来たのでした。いんげん豆もパプリカもなかったころ、このあたりの人たちは何を食べていたのでしょう？

Receta

材　料（4人分）

金時豆（水煮）……2½カップ
玉ねぎ（四つ割）……½個
にんにく（丸）……1片
パプリカ……小さじ2
オリーブオイル……大さじ6
キャベツ（3〜4cmのざく切り）……¼個
エリンギ（大きさによって2ツ割、4ツ割にして）……3〜4本
生ハム（粗みじん切り）……50g
塩……適量

作り方

1 鍋に金時豆と玉ねぎ、にんにく、パプリカを入れ、ひたひたより多めの水（分量外）を加えて20分間ほど煮る。
2 フライパンにオリーブオイルを入れ、キャベツをソテーする。エリンギを加えてさらにソテーし、塩で味をととのえる。生ハムを加える。
3 2を1に入れて軽く煮込む。

Potaje de vigilia

復活祭のポタヘ

［ポタヘ・デ・ビヒリア］

ひよこ豆にタラとほうれん草とゆで卵。
あまりなじみのない味のとり合わせだと
思いますが、長い歴史のなかで育まれ、
庶民の生活の知恵が詰まったスープです。
内陸部のエストゥレマドゥーラ地方から。

季節の行事と食が、日本ほどには密接に連動していないスペインですが、そのなかで春のカトリック由来の行事「復活祭」になくてはならない料理が、この「ポタヘ・デ・ビヒリア」です。直訳すれば「前夜のためのポタヘ」。この場合、復活祭にさきがけて夜を徹して祈りを上げる前夜をさしますが、そこから転じて復活祭の時に精進料理として食べるための、という意味になっています。

復活祭は、長い間カトリック国だったスペインでは、クリスマスに次いで重要な行事でした。キリストが十字架にかけられる日から復活までの1週間を記念するこの祭りは、各地の教会を中心として今でもさまざまな行事が繰り広げられます。

とはいっても、宗教色の薄くなった現代のスペインでは復活祭とは「春の大型連休」のこととしか思っていない若い人が多いのも事実で、いずれはこういう行事もすたれていくのかもしれません。

それでも、「復活祭の食べ物」という慣習は宗教とは別に人々のあいだに深く根づいていて、そのなかのひとつが「ポタヘ・デ・ビヒリア」です。

スペインの「精進料理」の基本は、肉を使わないこと。厳しい戒律では魚もだめ卵もだめというものもありますが、大部分の人にとっては単純に、肉さえ使わなければ精進になります。中世のスペインでは教会や修道院が大きな権力を持っていて、各地方で実際に村や町を統治しているのは、教会であることも珍しくありませんでした。その教会が定めたのが「精進料理」、つまりぜいたくな肉を食べないで我慢するようにという教えだったわけです。

信心のためだからと肉を我慢させ、節約を呼びかける。そして豊かな教会や修道院の内部では、実はお坊さんたちはぜいたくに肉を食べていたという記録もあり、権力者というものはいつの時代も変わりませんが、そんな教会の指導のおかげで生まれたおいしい料理もあって、このポタヘはそのひとつといっていいでしょう。

「ポタヘ」というのは、もともとは豆と一緒に野菜や肉などを煮込んだ料理の総称で、普通は肉をベースにして作ります。豚肉、豚の耳や足、豚肉で作った腸詰類などをたっぷり入れて、豆をおいしくして食べるのがぜいたくなポタヘ。でも精進の時には肉は禁止されるのでタラをだしにし、さらにゆで卵も加えて味を補う。そうして、肉を使った時のようなコクはないけれど、また違うおいしさの豆料理が生まれたのです。

ここで、ふたつの重要な食材が登場します。まずバカラオです。正式名称はバカラオ・セコ（乾燥させたタラ）といいますが、ただバカラオといえば通じるくらい、塩蔵して干したタラはスペイン全土の食卓に欠かせません。というのも、広いスペインの国土のなかで海に面しているのは一部だけ。高い山々に遮られて海から遠い広大な内陸部では。この塩蔵のタラが唯一の貴重な魚となるからです。

水に浸けてほどよく塩抜きをしたタラを、ポタヘに使う、オムレツに入れる、揚げものにするなど、タラ料理のバリエーションは豊かで、復活祭のメニューにもふんだんに使われます。

そしてもうひとつはガルバンソ（ひよこ豆）。豆類が頻繁に家庭の食卓に現れるスペインでも、一番スペインらしい料理で多く使われるのが、この豆です。

かつてカルタゴ人がイベリア半島にもたらしたガルバンソは、降雨量が少なく土地も痩せていて農耕に適していない地帯でもよく育ち、瞬く間にスペイン全土で栽培されるようになります。そして「ガルバンソを煮る湯気と仔羊を焼く煙をつないだら、スペインの食分布地図ができあがる」という言い回しがあるほど、スペインの食を語るうえで欠かすことのできない存在となっていったのです。

昔は、貧しい庶民にとって貴重なタンパク源であったタラ

とガルバンソを駆使したこのポタヘは、スペインが美食の国といわれるようになった今も、人々に懐かしい味の料理として愛されています。

私はこの料理を、エストゥレマドゥーラ地方の出身の、夫のおばあちゃんに教えてもらいました。このタラのポタヘは実はエストゥレマドゥーラ地方の修道院で生まれた料理なので、おばあちゃんの得意料理だったのです。そのあと、グァダルーペという山間の村の大修道院の食堂でも食べたし、村の食堂でも食べたけれど、私のなかではおばちゃんのポタヘが最高。それがこのレシピです。

といっても、スペイン風の干ダラは日本にはないので、甘塩のタラという日本独特の食材を代わりに使いましょう。生のタラでもかまいません。少しずつコクの出方は違うけれど、豆、タラ、ほうれん草、卵という組み合わせが生み出す独特の風味は十分楽しんでいただけると思いますから。

当時、孫のガールフレンドだった私に、楽しそうに教えてくれたおばあちゃんを懐かしく思い出しながら作る精進のポタヘ。日本の食卓でも人気があると知ったら、おばあちゃんもきっと喜んでくれることでしょう。

Potaje de vigilia

復活祭のポタへ

Receta

材　料（4人分）

ガルバンソ（水煮）……1½カップ
オリーブオイル……大さじ5
にんにく……3片
（1片は丸、2片は粗みじん切り）
ローリエ……1枚
玉ねぎ（粗みじん切り）……小1個
パプリカ……小さじ2
ほうれん草（3㎝長に切る）……½束
タラ（甘塩）……2切れ
ゆで卵……1個
塩……適量
〈マハード〉
オリーブオイル……大さじ4
にんにく……1片
食パン（8枚切り。耳をとって2㎝角に切る）……½枚

作り方

1 甘塩のタラを30分間くらい水（分量外）に浸けて塩を抜く。皮や骨を取り、軽くほぐしておく。
2 ガルバンソを鍋に入れ、水（分量外）をひたひたになるまで注いでにんにく、ローリエを加えてひと煮立ちさせる。
3 フライパンにオリーブオイルを入れ、玉ねぎとにんにくの粗みじん切りをソテーしてソフリート（P69）を作る。透明になったらパプリカを加え、2の鍋に入れる。
4 3のフライパンにほうれん草を入れて軽くソテーする。2の鍋に加える。
5 マハードを作る。別のフライパンにオリーブオイルを熱し、丸のにんにくとパンを加えてきつね色になるまで揚げ焼きして取り出す。すり鉢に入れ、よくつぶす。
6 1のタラと5のマハードを2の鍋に入れてよく混ぜる。塩で味をととのえ、最後にゆで卵を適当な大きさに切って散らす。

Pimentón
パプリカ

スペインの家庭では、調味料の場所にあるのはオリーブオイル、塩、パプリカだけという台所も珍しくありません。日本には「茶色い献立」という表現がありますが、スペインの家庭料理はまさに「パプリカ色の献立」です。

スペインのパプリカには甘いタイプ、辛いタイプ、その中間などがありますが、もっとも必要なものは甘いタイプ。甘いといっても砂糖のように甘いわけではありませんが、独特の香りと甘みがあって、さまざまな煮込み料理にスペイン料理らしいアクセントをつけてくれます。

煮込み料理だけでなく、オリーブオイルでソテーしている鍋に最後にパプリカを加えると、香ばしさが立ち上がってとてもおいしくなるのですが、注意したいのはパプリカが焦げやすいこと。だからソテーの最後に、できれば火を止めてから加えてください。

Tres gazpachos

3つのガスパッチョ

［トレス・ガスパッチョス］

赤いトマト色の冷たいスープ、
ガスパッチョは、南部アンダルシアの
灼熱の夏から生まれました。
そして実はいろいろなタイプのものがあります。

暑さで空気が揺らぐような、アンダルシア地方の夏。それもそのはず、目の前にはアフリカ大陸が横たわっています。そこで生まれたのが「ガスパッチョ・アンダルス」。「ガスパッチョ」という名前でまったく異なる料理も存在するので、「アンダルス=アンダルシアの」とつけ加えるのが正式名称です。

ガスパッチョの基本材料は、まずオリーブオイル。見渡す限りオリーブ畑が連なるアンダルシアはオリーブオイルの重要な産地です。スペインのオリーブオイル生産量は世界1位で、最近は生産量だけでなく品質でも高い評価を得ていますが、そのなかでも甘くフルーティな香りと味を持つアンダルシアのオリーブオイルは、スペインの誇る「オロ・リキド（流れる黄金）」として欠かせません。

そしてにんにく。「にんにくを使った料理を並べるより、使わない料理を数えるほうが早い」というのは17世紀にこの国を訪れた旅人の記述ですが、スペイン料理のもっとも基本的な調味料といえばにんにくです。かつて「カトリック両王」のひとりイサベル女王が、高価な調味料を求めて東へ航海したいというコロンブスに「我々にはにんにくがある、他の調味料などいらない！」と言ったというエピソードが残っているほど。そのなかでもにんにく消費の先頭に立つのがアンダルシア地方です。

彼らはありとあらゆる料理ににんにくを使いますが、ガスパッチョの場合は生のまま、モルテーロ（すり鉢）ですりつぶして使いますから、その存在感は格別。だから他のスパイスは何も要りません。ガスパッチョにこしょうなど入れないように。

もうひとつがパン。スペインではパンは、スープになくてはならない食材です。日本でいうとお米を煮てお粥を作るような感覚かもしれません。ガスパッチョの場合も、残りもののパン数切れが陰の主役となって活躍します。

オリーブオイル、にんにく、そしてパン。この3つがガスパッチョの基本材料です。ということは、普段よく目にするガスパッチョのトマトは、必須材料ではないのです。なぜなら、コロンブスがアメリカから持って来るまでは、トマトはなかったから。それ以前のガスパッチョは白かったのです。

そこでトマトがたっぷり入る1番ポピュラーなガスパッチョと、トマトの入らない昔風のもの。そして特に濃厚なタイプの、3つのバージョンのガスパッチョをご紹介しましょう。

■アンダルシアのガスパッチョ *Gazpacho andaluz*

ペドロ・アルモドバルというスペインの映画監督をご存じですか？　彼の初期の代表作「神経衰弱ぎりぎりの女たち」という映画のなかに、こんなシーンがありました。

――マンションの1室で、犯罪の後始末に悩んでいる女性たち。そこに、何も知らない警官が2人訪問。あわてたヒロインは、ちょうどミキサーで作っていたガスパッチョにたっぷりの睡眠薬を入れ、「暑いですからどうぞ」と警官に出します。喜んでごちそうになった警官はぐっすり眠ってしまい、女性たちはこっそり脱出――。

これを観て私は、ガスパッチョは食事の時だけでなく麦茶のような感覚で出したりもするのかと妙に納得したものです。そういえばアンダルシア出身の友達の家でも、夏になると冷蔵庫にはいつもガスパッチョの鍋が入っていて、家族は1日中好きな時に飲んでいました。

暑くて食欲のない時にも、ちゃんとした食事が面倒な時にも。スペイン南部の生活の知恵ガスパッチョを、便利な栄養補給にぜひどうぞ。

■マラガのアホ・ブランコ *Ajo blanco de Málaga*

トマトがヨーロッパにやって来る前の白いガスパッチョ。それが今も残っている「アホ・ブランコ（白いにんにくスープ）」です。このスープは、マラガとグラナダというふたつの地域に伝わっていますが、おすすめはマラガのもの。にんにくも入れるけれど、ぶどうやアーモンドも入っていて適度にマイルドな味だからです。グラナダのアホ・ブランコは、強烈なにんにく味なので、よほど生のにんにくが好きな方にしかおすすめできません。

港町マラガは大粒のマスカットと、そのぶどうで作るワインで知られる町です。そのマスカットで作った干しぶどうをスープに加えると、コクのある甘さがにんにくと調和して不思議なおいしさを生みます。マスカットでなくても普通のレーズンでも、あるいは生のぶどうでも。夏の食事のスタートにふさわしい、個性的なスープを楽しんでください。

■コルドバのサルモレホ *Salmorejo cordobés*

アンダルシアの古い町コルドバのガスパッチョは「サルモレホ」と呼ばれます。より濃厚に、より個性的に。アンダルシアを支配したアラブ民族が1番栄えた王朝を満喫した時代の都、コルドバにふさわしい豊かで深い味のスープです。

唯一のコツはトマト以外の野菜を加えないことと、水で薄めないこと。そうするとピュレのようなスープができます。

コルドバの老舗のレストランでサルモレホを注文すると「なすのフライもぜひ」とすすめられます。サルモレホを少しだけ残しておいて、フライのソースとして使うと、とてもおいしいのです。上に生ハムを散らしてちょっとぜいたくにしたサルモレホと合わせたら、これだけで夏の昼食になりそうです。コルドバ郊外で作られるシェリータイプのワインでも添えて。

アンダルシアのガスパッチョ

Receta

材　料（4人分）

バゲット（約2cm幅スライス）……2枚
完熟トマト……3個
きゅうり……½本
オリーブオイル……大さじ4
にんにく……1〜2片
ビネガー……大さじ1
マヨネーズ……大さじ2
塩……適量
水……適量

浮き実（好みで）

赤ピーマン、きゅうり、ゆで卵、トマト（1cm角）……各適量

作り方

1 固くなったバゲットを水で十分にしめらせておく。
2 完熟トマトのヘタをとってざく切りにする。きゅうりの皮をむいて適宜に切る。
3 にんにくをモルテーロ（すり鉢で可）ですりつぶし、オリーブオイルを混ぜ合わせる。
4 1〜3すべての材料をボウルに入れて混ぜ合わせる。
5 ミキサーにかけ、塩、ビネガー、マヨネーズで味をととのえ、一度網で濾す。水か氷で濃度を調整する。
6 好みで浮き実を用意して添える。

マラガのアホ・ブランコ

Receta

材　料（4人分）

アーモンド（スライス
　またはホール）……1カップ
にんにく……2片
レーズン……大さじ2
バゲット（約2cm幅スライス）
　……2枚
牛乳……1カップ
オリーブオイル……⅓カップ
ビネガー、水、塩……各適量

浮き実（好みで）
ぶどう、メロン、生ハムなど
（1cm角）……各適量

作り方

1 アーモンド、バゲットはそれぞれ水につけておく。レーズンを熱湯につけておく。
2 モルテーロ（すり鉢で可）ににんにく、塩を入れてつぶす。
3 2とアーモンド、バゲット、レーズン、牛乳、オリーブオイルをボウルに入れて混ぜ合わせ、30分間おく。
4 少量の水を加えてから、ミキサーにかけてなめらかにする。
5 味見をし、水、ビネガー、塩で、濃度と味をととのえる。
6 好みで浮き実をのせる。

コルドバのサルモレホ

Receta

材　料（4人分）

完熟トマト……5～6個
バゲット（スライス）……2枚
オリーブオイル……¼カップ
にんにく……2片
塩……適量

浮き実（好みで）
生ハム、ゆで卵など
（1cm角）……各適量

作り方

1 にんにくをモルテーロ（すり鉢で可）ですりつぶしておく。バゲットは水（分量外）につけておく。
2 ざく切りにした完熟トマト、軽く絞った1のバゲット、すりつぶしたにんにくをミキサーにかける。オリーブオイルを加えながら乳化させていく。塩で味をととのえる。
3 器に盛り、好みで浮き実をのせる。

Fiesta de verano 夏のパーティー

スペイン人は、仲間で集まるのが大好き。そしてワイワイ楽しく過ごすことがとても上手。
だから、家族の集まりは気がつくと予想もしない大人数になることも。
何人か友達を呼んだら、それぞれがまた友達を連れてきて大パーティに……。
だからこそ特別なおもてなしはいりません。定番の家庭料理をちょっとおしゃれに
アレンジすればそれがごちそう。用意ができたら自分ものんびり楽しみましょう。

鶏肉のクロケッタ *Croquetas de pollo*

クロケッタ、つまりスペインのコロッケは家庭料理の定番のひとつで、同時にバルのおつまみのメニューにもかならず入っているほどポピュラーな料理です。日本のコロッケとルーツは同じですが、実物はずいぶん違います。じゃがいもではなくベースはベシャメルソース。大きく平たいのではなく小さくて細長い。そして揚げるためのパン粉が細かい。中身にもいろいろなバリエーションがあります。

食べるシチュエーションもさまざま。アペリティーボ（食前酒）の時につまむタパスとして。サラダやオードブルと並んでプリメール・プラト（ひと皿目）として。たっぷり出せばメイン・ディッシュとしてと、クロケッタの登場の仕方は変幻自在です。バルで注文する。料理上手なお母さんの家でごちそうになる。そんな時、外側はさくっとなかはふんわりトロリ、具の味がしっかりしていて粉っぽくなく、揚げたての香りとともに熱々のクロケッタが出て来ると幸せになります。

簡単に見えますが少々コツがあります。まず小さくすること。短時間でカラッと揚がります。そして衣のパン粉をスペイン風にごく細かくすること。吸い込む油の量が少なくしつこくなりません。ベシャメルには小麦粉を入れすぎずやわらかめに仕上げましょう。

この「鶏肉のクロケッタ」はトルティージャの項（P10）でも登場したスペインの下宿先のお母さん、ファニータに習ったおすすめレシピです。ファニータは鶏のガラを買って来てスープを作り、そのスープをとったあとの鶏の首からきれいにこそげ取った肉でクロケッタを作ってくれました。鶏のなかで1番安いガラを煮たあとの肉というつましい材料なのに、なんとおいしかったことか！　つまりクロケッタはお母さんたちの知恵から生まれた「節約料理」。余った鶏肉で。冷蔵庫にある材料で。気楽に、でも愛情を込めて作ってみてください。

オレンジのサラダ *Ensalada de naranja*

地中海岸のバレンシア地方といえばバレンシアオレンジの本場。オレンジの畑が道沿いに連なっている光景もしばしば目にしますが、そのオレンジと魚との相性がよいということ

を実感させてくれる夏のサラダです。ポイントはオリーブオイル。ツナを使っておなじみの味にしても、アンチョビで少し大人の味にしても、オリーブオイルがやさしくつないでくれます。オリーブオイルは素材の甘みを引き出し、サラダをまろやかに、ひとつの味にまとめてくれる調味料ですから。

できれば好きな香りと味のオイルを見つけて使ってください。私のおすすめは南部アンダルシア地方の「ピクード」「ピクアル」「オヒブランカ」という3種類のオリーブがブレンドされた、甘い香りが特徴のオイルです。生き生きしたフルーティなオイルは、オレンジにぴったりです。ゆでたじゃがいもを入れたら、いっぺんに夏らしいサラダになる、そんなスペインらしい感覚も味わってください。

ロシア風ポテトサラダ *Ensaladilla rusa*

サラダというよりケーキのようにきれいに飾られて家庭の食卓に。大きな器に入ってバルのカウンターに並び、タパスのひとつとして……。いろいろなシーンで登場する「エンサラディージャ・ルサ（ロシア風サラダ）」という料理があります。名前はロシア風とついていてもスペインの食卓に欠かせない一品。簡単にいってしまえばポテトサラダです。

このサラダは別名「オリヴィエのサラダ」とも呼ばれ、モスクワのレストランでシェフのオリヴィエが作る「ロシア風サラダ」があまりにおいしくて有名になったために、彼の名前で呼ばれるようになったといわれています。

オリヴィエのサラダは、驚くほど豪華な材料で作られていました。カモシカの肉、ウズラの肉、クマのハム、燻製にしたサメ。上にはキャビア、ケイパー、ゼラチン状にしたコンソメスープ。まわりにはカニ、ロブスター、牛舌、ゆでたじゃがいも、ゆで卵、きゅうりのピクルス。最後にスパイスを加えたマヨネーズをかけて……。きれいに盛りつけたのですが、実際にオリヴィエがお客に出したところ、皆は中身をごちゃごちゃに混ぜてから食べてしまう。だから彼は次第に細く切って混ぜてから出すようになったといわれています。

さらに歴史の谷間に残されたエピソードをもうひとつ。スペイン内戦後のフランコ独裁政権のもと「ロシア風」という名前は国勢を削ぐというので「エンサラディージャ・ナショナル」、つまり国民サラダと改名させられたという話もあります。

現在のスペインのエンサラディージャは庶民的な材料ばかり。ただその材料がどれもスペイン人にとっての「おいしいもの」ばかりなのが微笑ましい気がします。じゃがいも、マヨネーズ、ゆで卵。あとは好みでグリーンピースやにんじんをゆでて加えたり、ゆでたエビやツナ缶を加えたり。

私の作るバージョンは、夫の妹ティタの作るエンサラディージャをお手本にしています。上の飾り方次第でずいぶん印象が変わりますから、好きな材料で好きなデザインで、どうぞ自由に盛りつけてください。

フィデウア（パスタのパエージャ）

Fideuá de Gandía

バレンシア地方の海辺の小さな町、ガンディーア。ここがパスタのパエージャ、フィデウアの生まれた町です。海水浴場を囲んで立ち並ぶレストランは、どの店もこの料理が名物。どの店がおいしいのかと数日かけて食べ歩いてみた結果、どの店もほとんど同じ材料、同じ味で差がなくて逆に驚いたことが印象に残っています。

どうしてほとんど同じなのか？　それはシーフードの味をしっかり吸い込んだパスタのおいしさが売りの料理だから。イカがとれたらイカを入れる。いいだしが出るからアサリを入れる。観光客が喜ぶからエビをのせる。これでは個性を出そうにも似てしまうでしょう。

昔は、他の地方の人は知らないローカルな料理でしたが、最近では「米のパエージャより失敗のないパスタのパエージャ」ということで知名度が上がってきたようです。

新鮮なエビやアサリを使えばもちろんおいしくできますが、急に思いついたときは冷凍のシーフードで作っても。だから忙しいパーティの一品にはうってつけです。守って欲しい唯一のポイントは「パスタをたくさん入れないこと」。パエージャ鍋は材料を浅く入れて直火で焼くための浅い鍋ですから、入れられる水分の量が限られています。それに見合うパスタの量も少ないのです。欲張ってパスタをたくさん入れると、生煮えのパスタが大量にできてしまいますからご注意を。ここではスペイン製の細いマカロニを使っていますが、日本製の普通のマカロニでも量さえ気をつければ大丈夫です。おいしくできて、もっとたくさん作りたくなったら、追加は深めのフライパンでどうぞ。

Croquetas de pollo
P34

Ensalada de naranja
P35
Ensaladilla rusa
P35
Fideuá de Gandía
P36

Croquetas de pollo

鶏肉のクロケッタ

［クロケッタス・デ・ポージョ］

Receta

材　料（4人分）

鶏肉（手羽先、手羽元を半量ずつ）……400g
水……2〜3カップ
オリーブオイル……大さじ4
玉ねぎ（みじん切り）……½個
小麦粉……大さじ4　牛乳……½カップ
塩、ナツメグ、こしょう……各適量　パセリ……適量
小麦粉、溶き卵、パン粉（ミキサーでごく細かく砕く）、揚げ油
……各適量

なるべく小さくまとめましょう。

パン粉はごく細かく。

作り方

1 鶏肉と水を鍋に入れ、火にかける。煮立ったらアクをとり、少し弱火にして20分間ゆでる。
2 鶏肉を引き上げ、骨と皮をとって細かくほぐしておく。ゆで汁は網で漉してスープにする。
3 鍋にオリーブオイルと玉ねぎを入れて炒め、ソフリート（P69）を作る。
4 3に小麦粉を加えて、よく混ぜる。ぐつぐつしてきたら牛乳を一気に入れて、よくかき混ぜる。2のスープも½カップ加え、なめらかになるまで混ぜながら煮立たせる。
5 鶏肉、塩、ナツメグ、こしょうを加える。固めに濃度がついたら火からおろし、バットなどに薄く伸ばして粗熱をとり、冷蔵庫で冷やしてタネとする。
6 タネを大さじに山盛り一杯くらいずつ手のひらにとって俵型に丸める。小麦粉を軽くつけ、溶き卵にくぐらせ、最後にパン粉をまんべんなくつける。
7 高温に熱した油（180℃）で、6を短時間で揚げる。表面がこんがりきつね色になったら、すぐに取り出して油を切る。

★そのままでもよいが、トマトソース（P109）などを添えてもよい。

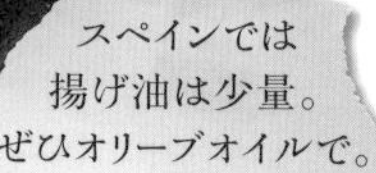

Ensalada de naranja
オレンジのサラダ
[エンサラーダ・デ・ナランハ]

Receta

材　料（4人分）

プリーツレタス（葉野菜ならなんでも）……適量
オレンジ……1½個
玉ねぎ……½個
黒オリーブ……12個
ツナ……70g
オリーブオイル、ビネガー、塩……各適量

作り方

1 オレンジは皮をすりおろしてから、実を取り出し、薄皮をむいて食べやすい大きさに切る。
2 レタスは食べやすい大きさにちぎり、玉ねぎはスライスして軽く水にさらしておく。
3 すべての材料を器に盛りつけ、オリーブオイル、ビネガー、塩で味をつける。

Ensaladilla rusa
ロシア風ポテトサラダ
[エンサラディージャ・ルサ]

Receta

材　料（4人分）

じゃがいも（皮付き）……大3個
卵……2個
グリーンオリーブ（スライス）……8〜10個
ツナ……70g
マヨネーズ（P109。市販でも可）……1カップ
塩、オリーブオイル……各適量
パプリカ……小さじ2
粒マスタード……大さじ1

トッピング
赤ピーマン（焼いて皮をむいたものをスライス）、ゆで卵（輪切り）、ホワイトアスパラガス、イタリアンパセリ、グリーンオリーブ（輪切り）……各適量

作り方

1 大きめの鍋によく洗ったじゃがいもとかぶるくらいの水（分量外）を入れ、卵も加えてゆでる。12分経ったら卵を取り出して水で冷やす。
2 じゃがいもが芯までやわらかくなったら鍋から取り出して皮をむき、ボウルに入れて熱いうちにつぶす。
3 2に1のゆで卵をきざんで加え、ツナ、オリーブ、マヨネーズ、粒マスタード、パプリカも加えてよく混ぜる。塩、オリーブオイルで味をととのえる。
4 器に盛り、長方形、楕円形、円形など好きな形で2〜3cmの厚さに形作る。
5 表面にたっぷりマヨネーズ（分量外）を塗り、トッピングを飾りつける。食べる直前まで、冷蔵庫でよく冷やして。

Fideuá de Gandía

フィデウア（パスタのパエージャ）

［フィデウア・デ・ガンディーア］

Receta

材　料（4人分）

オリーブオイル……¼カップ
にんにく……1片　玉ねぎ（粗みじん切り）……小1個
トマト（ざく切り）……1個　パプリカ……小さじ2
大正エビ（殻をむいて背ワタを取る）……200g
エビ（殻頭付き）……5尾
モンゴイカ、またはヤリイカ（皮をむいて輪切り）……100g
魚のスープ（P108）または水……3カップ
アサリ（砂抜きして）……1カップ
マカロニ（なるべく細め）……⅔カップ
サフラン（少し砕いて熱湯で溶く）……少量
レモン……適量

作り方

1 鍋にオリーブオイルを入れ、にんにくと玉ねぎを加えて炒めてソフリート（P69）を作る。トマトを加えてさらに炒め、パプリカを入れる。
2 大正エビとイカを加えて、軽く火が通ったらスープまたは水を加え、煮立ったらアサリを入れて殻が開くまで火を入れる。
3 エビ（頭付き）をオリーブオイル（分量外）でソテーする。
4 サフランを熱湯ごと加え、塩を入れて味をととのえる。
5 マカロニをふり入れて3のエビをのせて15分間煮る。
6 カットしたレモンを添える。

Buen pan, buen vino y buena brasa
es señal de Buena casa.

ポテトサラダ

レストランで出されるエンサラディージャをまねして、ちょっとおしゃれにひとり分を盛りつけてみました。自家製のマヨネーズをたっぷりかけるところは、家庭もお店も同じ。スペイン特産の太いホワイトアスパラガスもよく合います。冷やしてどうぞ。

Sopa castellana
カスティージャ風スープ

［ソパ・カステジャーナ］

スペイン内陸の広大な大地に、かつてカスティージャ王国が栄えていました。
長い歴史を持つこの地方に古くから伝わるにんにくのスープは、
これ以上ないほどシンプルな材料で作り方も簡単です。

首都マドリードからほぼまっすぐ北上していく国道は、やがて山を越えて北の海辺へと向かうのですが、その途中長い年月の重みを感じさせるカスティージャ地方の町や村を通過していきます。そのなかでもひと際大きく、歴史ある街並みで旅人を惹きつけるのがブルゴスの街。ここは、内陸部らしいおいしい料理のいろいろで知られる町でもあります。

大聖堂が窓から見える老舗のレストランで食事をするのが楽しみで、このルートを旅する時は、昼食はブルゴスでと昔から決めていました。ブルゴス風と呼ばれるお米の入ったモルシージャ（血入りのソーセージ）。ハムのクロケッタ。カスティージャ風スープ。ダイナミックな仔羊のロースト……。そのあと運転を続けるのがいやになってしまうようなどっしりしたメニューですが、食べるたびに、この「どっしりした味」こそスペインの大地の味だな。これこそ、スペインを旅する醍醐味だなと感じさせてくれる、そんな料理ばかりです。

このスープの原型は「ソパ・デ・アホ」と言って文字どおりにんにくのスープ。オリーブオイルと余って固くなったパン、調味料はにんにくとパプリカという、どんな家にもいつもある材料でできる質素なスープです。ところが、乾いた赤土の続くカスティージャを旅していると、こういうスープがどんなぜいたくな料理よりもおいしく感じられる風土があるということを実感させられるのです。

スペイン中央部の乾いた気候では、一度切ったパンは石のように固くなってしまいます。そんなパンを煮込んでいくとトロトロに崩れ、パン粥のようになっていく。オリーブオイルとパプリカが甘みを加え、にんにくがそそるような香りと味を加えてくれます。寒い時には体を温め、暑い時には疲れた体に元気をつけてくれる、そんなスープができ上がります。スープストックはいりません。15分もあればできます。

そこへ仕上がりに卵を1個加えれば、たんぱく質も加わって栄養もあるスープになります。さらに、生ハムの切れ端を少し加えたら、特別な日のごちそうに。そうやって生まれたのが、ソパ・カステジャーナです。土鍋の保温力を使って、卵はほとんど余熱で半熟にし、崩しながら味わってください。

Receta

材　料（4人分）

オリーブオイル……⅓カップ

にんにく……4片

生ハム（細かめにきざんで）……60g

バゲット（薄めにスライスして）……3〜4枚

パプリカ……大さじ2　水……4カップ

塩……適量　卵……4個

作り方

1. 鍋にオリーブオイルを入れ、スライスしたにんにくを香りが立つまで熱し、生ハムを加える。
2. バゲットを入れ、カリッと揚げるように火を入れる。パプリカを加えたらすばやく水を入れる。
3. ときどき木ベラでかきまぜながら煮る。
4. バゲットが水を吸ってふくらんだら塩で味をととのえ、最後に卵を割り入れる。

Cazuela de barro
土鍋

スペイン料理に欠かせない「カスエラ・デ・バロ（素焼きの土鍋）」は、最近日本でも見かけるようになりました。居酒屋のメニューにまで進出している「アヒージョ」という料理を作るのが、この鍋の一種だからです。

アヒージョは、土鍋の温度が一旦上がると冷めにくいことを活かして、オイルでグツグツと煮ている状態でサービスするにんにく風味のおつまみ。たしかにこの土鍋は、熱くなるのに時間がかかりますが、そのあと弱火でゆっくり煮ることができます。また、液体の蒸発が遅い。それをスペインの人は「カスエラは呼吸するから」うまく煮えるのだと表現します。

その個性を活かして、スペインのさまざまな郷土料理が土鍋で作られます。その1番の共通点は、弱火で煮込むこと。野菜や肉を煮込んでいても蒸発が遅いので、少ない水分に素材の味がこもって逃がしません。

もうひとつの特徴は「ゆすりながら」調理すること。土鍋のなかの料理は、フォークやヘラで混ぜるのではなく、鍋そのものをゆすることで混ぜるのです。そうすると、ただ混ざるだけでなく、素材同士を乳化させることもできて、同じ鍋のなかでソースまでできてしまう。こんな賢い調理法も、土鍋があったからこそ生まれました。

スペイン製は日本であまり販売されていませんが、厚手の鍋や日本製の土鍋を使ってみてください。

Sopa castellana

P39

Revuelto de setas y gambas
P43

Revuelto de setas y gambas

きのこと小エビの炒り卵

［レブエルト・デ・セタス・イ・ガンバス］

卵料理といっても、きちんとした一品料理として
レストランでも登場します。季節の素材とオリーブオイルが、
卵をごちそうのひと皿に。

卵料理にちゃんと市民権がある。朝食だけでなく、昼食や夕食の立派なひと皿として家庭だけでなくレストランのメニューにも登場するというのが、スペイン料理の魅力のひとつだと私は思っています。

なかでも、何気ないのに魅かれるひと皿がレブエルト（スクランブルエッグ)。文字どおり、卵を軽くかき混ぜて焼くだけの簡単な料理ですが、なかに入れる具によってまるで違う個性の味が楽しめて、家庭で作れるはずなのにレストランでもつい注文してしまいます。

きのことエビ。ほうれん草と生ハム。にんにくの芽とウナギの稚魚。グリーンアスパラガスとチョリッソ……と、どの組み合わせも魅力的。卵がふたつの食材の味を上手にまとめてくれるので、野菜系と動物性系と2種類の具を入れるのがおすすめです。

ところでスペインでは、きのこは認識度にとても地方差のある食材です。ピレネー山脈をはじめとする高い山があって、きのこが身近に採れる地方では、季節のきのこが普段の食卓に登場します。あるいは、きのこ文化の先輩、イタリアと縁の深いカタルーニャ地方では、古くからきのこをさまざまな料理に使ってきたし、干して使うという文化も根づいています。

それに対して平野が続く中央部では、栽培するマッシュルーム以外はあまり見かけることがなく、天然のきのこを食べるという習慣がまったくない地方もあるのです。

私がマドリードで料理教室のお手伝いをしていた頃、日本の家庭料理を紹介する機会をいただいたことがありました。たまたま八百屋さんで見つけたヒラタケに似たきのこを使ったら、生徒さんが誰も食べてくれなくて、しかも「きのこなんて、毒かもしれないでしょ……」と言われ、びっくりしたことがあります。

それでも最近はきのこ文化も少しずつ定着してきて、先日マドリードのスーパーで見つけた「食べられるきのこのリスト」というチラシには「シイタケ」という名前もあってうれしくなりました。

ここでご紹介する「きのこのレブエルト」は、きのこが好まれるバスク地方のレシピです。おいしいもの好きなバスクの人たちは、きのこのおいしさを引き出すコツもよく知っていますから。

それから、こういう料理を食べる時はフォークとナイフではなく、少しお行儀が悪くても右手にフォーク、左手にパンを持って食べてみてください。パンをスプーン代わりにして卵をのせながら食べていくと、やわらかい卵の味がパンに少ししみてますますおいしくなるのです。こういう使い方をするので、おいしい料理ほどパンをたくさん食べてしまいますが。

Receta

材　料（4人分）

卵……4個
きのこ（マッシュルームなど何でも）……2カップ
ほうれん草……1束
大正エビ、ブラックタイガーなど
（殻をむいて背ワタを取る）……½カップ
塩、こしょう……各適量　オリーブオイル……適量

作り方

1 きのこは石づきを取って食べやすい大きさに切る。ほうれん草を3cmくらいに切っておく。卵をボウルに割り入れてほぐし、軽く塩を加えておく。
2 きのこ、ほうれん草をオリーブオイルでソテーしてエビを加える。軽く塩、こしょうをする。
3 フライパンに1の卵を加え、さっと火を通す。半熟くらいになったら火からおろす。
★好みで、トマトソース（P109）を添えてもよい。

第二の皿
Segundo
Plato

Cocido madrileño

マドリード風コシード

［コシード・マドリレーニョ］

首都マドリードの名物料理コシードは、お母さんがゆったりと
時間をかけて作る日曜日の料理。あわただしい時代だからこそ、
家族でゆったりと楽しむ休日のランチに提案します。

古い歴史を持つ肉料理として筆頭にあげたいのが、コシードです。コシードとは「煮込んだもの」という意味。文字どおり、豆と野菜と肉を煮込んだ料理です。

スペイン各地にはさまざまなコシードが存在します。カンタブリアのコシード・モンタニェス、レオンのコシード・マラガト、アンダルシアではプチェーロ、カタルーニャのエスクデーリャ・イ・カルン・ドージャ。中身や食べ方、呼び名が変わっても基本は豆と野菜と数種類の肉で、根本的に違いがあるわけではありません。それなのに、それぞれの地方や村、各家庭にまで「うちでは、こう作る！」「これを入れなきゃコシードではない！」という強い思いがある。そういうところも、郷土愛や家族愛が何にも増して表れる、極めてスペインらしい料理といえるでしょう。

マドリードのコシードの前身は、イスラエルの地を追われてきたユダヤ人たちがイベリア半島に定住し、新しい文化を築き始めた時に登場したアダフィーナだといわれます。アダフィーナは、ユダヤ教の戒律に従って作られる、羊肉と野菜と豆の煮込み料理でした。しかしそこへ、カトリックによるレコンキスタ（国土再回復）という歴史の展開が訪れます。カトリックの支配者たちは、ユダヤ教徒らに改宗を迫り、やむを得ずカトリックに改宗してスペインに住み続けることを選んだユダヤ教徒たちは「豚肉入り」の煮込みを食べる選択を迫られることになります。なぜなら豚肉を食べることが、本当に改宗したかどうかを判断される基準とされたからです。

現在のコシードの主役は、何といっても豚肉です。三枚肉、背脂の塩漬け、モルシージャ（豚の血のソーセージ）、耳や足、生ハムの骨。そして、スペイン的な味の決め手となる調味料

ピメントン（パプリカ）を豊富に使ったチョリッソも、コシードになくてはならない存在になっています。

そういえば、スペイン宮廷も昔からコシードのファンだったようです。古くはカルロス1世、フェリペ2世に始まり、フランスのルイ13世に嫁いだアナ王女は「コシードとチョコレートの作れる料理人」を連れてフランスへ行ったそうです。比較的新しいところでは、イサベル2世もコシードが好きで、マドリードの老舗レストラン「ラルディ」へ、コシード目当てにお忍びで通ったそうです。大鍋の煮込みという素朴な料理が王様や王女様の好物だったというところが、またスペインらしい気がします。

マドリードの家庭では「日曜日とクリスマスにはコシード」という伝統があります。豆からゆっくりと煮る料理は面倒と思いがちですが、コシードはスープ、野菜、肉という3皿に分けて食べるので、その日に作るのはコシードだけ。やっぱり日曜にぴったりのメニューではないでしょうか？

Receta

材　料（4人分）

ガルバンソ（水煮）……120g
豚ばら肉……200g
骨付き鶏肉……200g
牛肉（スネ肉など、煮込みに適した部位）……200g
ベーコン……200g
チョリッソ*……1本
にんじん（皮をむく）……1本
じゃがいも（皮をむく）……4個
玉ねぎ（皮をむく）……1個
キャベツ（食べやすい大きさに切る）……½個
オリーブオイル……大さじ4
パプリカ……大さじ1
ローリエ……1枚
細めのパスタ（短く折って）……½カップ
塩、ビネガー……各適量
トマトソース（P109）……適量
水……適量

作り方

1 大きめの鍋にすべての肉、ベーコン、チョリッソを塊のまま入れ、かぶるくらいの水を加えて沸騰させ、アクを取り除いた後、弱火で2時間ほど煮込む。
2 別鍋ににんじん、じゃがいも、玉ねぎを入れ、かぶるくらいの水を加えてやわらかくなるまでゆでる。
3 1に2をゆで汁ごと加え、ガルバンソを入れてひと煮たちさせる。
4 キャベツをオリーブオイルでソテーし、パプリカを加えてさらにソテーして3に加える。最後に、少し煮込む。
5 スープと具に分ける。具はさらに野菜と肉に分ける。スープにはローリエと細いパスタを加えてパスタがやわらかくなるまで火を通す。ローリエを取り出し、塩で味をととのえる。
6 パスタ入りスープ、野菜、肉の順番に提供する。野菜には、オリーブオイル（分量外）とビネガー、肉にはトマトソースを添えて。

*チョリッソは、辛くないスペインタイプのものを。なければ省略してよい（P19）。

Cocido madrileño

P47

Mar y Montaña
P51

Mar y Montaña

海と山の出会い

[マル・イ・モンターニャ]

地中海の海の幸と、ピレネー山脈につながる山の幸。
両方を謳歌できるカタルーニャ地方らしいひと皿は、簡単な割には
ごちそうらしいでき上がり。我が家では、お客さま料理の定番です。

スペインの不朽の名作「ドン・キホーテ」の最後のほうでドン・キホーテがバルセロナに着いてカルチャーショックを受けるというくだりがあることをご存じでしょうか？　閉鎖的な内陸のラ・マンチャ地方から出てきた彼は、地中海に向かって開けている港町バルセロナで、新しいものに溢れ、さまざまな国の人たちが行き交う町の活気に圧倒されます。

そんなカタルーニャ地方だから、料理も昔から接点のある多くの国の影響を受けて、スペインの他の地方にはない独特の個性を培ってきました。ほとんどスペイン全土で大量に使われるパプリカより、こしょうを好んで使うこと。魚の料理には、ナポリ王国を一時は支配していたこともあるためイタリア料理の影響が色濃く見られること。貿易のあったペルシャの影響を受けて、さまざまなスパイスを使う料理があること。どれもカタルーニャならではの個性です。

この「マル・イ・モンターニャ =海と山」も、そんなカタルーニャらしい料理ですが、実はひとつの料理の名前ではなく、海のものと山のものが両方入った煮込み料理の総称です。ここで紹介しているエビと鶏肉以外にも、イカとミートボール、あさりと生ハム、ウサギとホタテ貝など色々な組み合わせがあり、当然素材によって味つけも異なりますが、どれも海と山の素材から出る味の立体感が魅力です。

ここで登場するのが「ピカーダ」。ピカーダとはきざんで細かくしたものという意味で、カタルーニャ料理に欠かせない調味料の作り方です。モルテーロでパン、にんにく、アーモンド、パセリなどを細かくつぶして、それを煮込み料理の味つけに使うのですが、今回はそこにチョコレートが加わって、より濃厚でまろやかな味になっています。

ちなみに、カタルーニャはスペインでもっともチョコレート文化の発達している地方であるだけでなく、ヨーロッパでもトップクラスの実力を持つチョコレートブランドやショコラティエの拠点だというのも、当然のことかもしれません。もともと新大陸からヨーロッパへとチョコレートが渡ってきた最初の国は、スペインだったのですから。

Receta

材　料（4人分）

鶏もも肉（ぶつ切り）……500g

大正エビまたはブラックタイガー（殻付き）……8尾

玉ねぎ（みじん切り）……大1個

ホールトマト……200g　ブランデー……大さじ2

スープストック（熱湯に固形スープを溶かす）……2カップ

オリーブオイル……適量　塩……適量

チョコレート……30g

〈ピカーダ〉

食パン（8枚切り）……1枚

アーモンドスライス（ローストしてないもの）……30g

松の実……30g　にんにく……1片

イタリアンパセリ……適量　塩……適量

作り方

1 鍋にオリーブオイルを入れて熱し、エビをさっと焼いて取り出しておく。

2 同じ鍋にオリーブオイルを足し、ピカーダの材料をすべて入れて揚げるように焼き、モルテーロ（P79）またはすり鉢に取り出す。たたいてつぶし、ピカーダとする。

3 同じ鍋で鶏もも肉の表面を軽く焦げ目がつくくらい焼き、取り出しておく。

4 同じ鍋にオリーブオイルを入れ、玉ねぎに火を通してソフリート（P69）を作る。仕上げにホールトマトを加える。

5 2のピカーダにブランデーを加えて練る。

6 4の鍋に5のピカーダと3の鶏もも肉を加え、スープストックを入れて30分間煮る。最後にチョコレートを削って加える。

7 6にエビを加え、5分間ほど煮たら塩で味をととのえる。

ピカーダ。きざんで細かくしたものという意味。

Albóndigas malagueñas
マラガ風ミートボール

［アルボンディガス・マラゲーニャス］

どこの国でも気取らない家庭料理の定番に入っているひき肉料理が、
スペインではこんな風になります。アーモンド風味が
ちょっとエキゾチックなミートボールは、港町マラガから。

椰子の木が揺れるゆったりした並木道。楽しそうに散歩する家族やカップルたち。地酒を売る酒屋では、樽から直にマラガワインをコップに注いでくれる。道の向こうには、紺碧の海と空が広がっている……。

私はマラガの町が大好きです。海の向こうの人々が出入りする港町だから、人々の気質もおおらかな気がします。そんなマラガ生まれのシェフと親しくなって、彼の店に足繁く通うようになりました。彼の料理はどれもシンプルな家庭料理で、マラガらしい素材と味つけに統一されているのが、食べる人をほっとさせ、くつろがせてくれるのです。そんなある日、彼が「これはお袋がいつも作ってくれるアルボンディガス（ミートボール）だよ」と出してくれたひと皿がとりわけおいしかったので、おねだりして作り方を教えてもらいました。

それまでマドリード風にトマト味でシンプルに煮込んだアルボンディガスが好きでよく作っていた私ですが、それ以来、このアーモンド味がお気に入りです。ちょっと甘いマラガのワインを添えて、残ったソースはパンできれいに食べてしまいます。考えてみたら、ミートボールの魅力は肉の部分もさることながら、ソースの味にかかっています。ケチャップをかければキッチュなアメリカ風に、スパイスを使わないトマトソースだと子供向きの素直な味になる。バターやスパイスが入ればフランス風にもなる。そして「にんにくとアーモンドとパセリとオリーブオイル」ならアンダルシア風になるのです。

ここで味つけのために使われるのが「マハード」。オリーブオイルで揚げたパン、アーモンド、にんにく、パセリをモルテーロでつぶして、調味料として加えます。私は「スペイン合わせ味噌」と呼んでいますが、この方法だとカリッと揚げた食材の香ばしさがソースに加わり、ソースがトロッとするという効果も生まれるのです。

ちなみに「スペイン料理は辛い」という間違った印象を持っている方がいるようですが、スペイン人は一般的には辛い味は苦手です。このアルボンディガスも、アーモンドの甘い風味が魅力。こんなミートボールもぜひ、レパートリーに加えてみてください。

Receta

材　料（4人分）

豚ひき肉……500g

A｜卵…1個　イタリアンパセリ…大さじ1
　｜食パン（8枚切り。牛乳に浸す）…1枚
　｜塩、こしょう、ナツメグ…各適量、に
　｜んにく（みじん切り）…1片

小麦粉、揚げ油……各適量

白ワイン……1カップ　水……½カップ

ローリエ、オレガノ（ともにパウダー）、サフラン（少し砕いて熱湯で溶く）、塩、松の実……各適量

〈マハード〉

アーモンド（スライス）……¼カップ

にんにく……2片

食パン（8枚切り1㎝角）……1枚

イタリアンパセリ……少々

作り方

1. 肉団子を作る。ひき肉にAを混ぜる。牛乳とパン粉（ともに分量外）で固さを調節する。約5㎝に丸めて小麦粉をはたき、180℃の油で揚げる。
2. マハードを作る。材料をそれぞれ油で揚げ、モルテーロ（P79）またはすり鉢でつぶす。白ワインと水でのばし、オレガノ、ローリエ 、サフランを熱湯ごと加えて塩で味をととのえる。
3. 土鍋に1の肉団子と2のソースを入れ、10〜20分間煮る。松の実を散らす。

Pollo en pepitoria
鶏肉のペピトリア

［ポージョ・エン・ペピトリア］

古きよきマドリードのバルで、
人気メニューだった料理。
今でもマドリードの下町っ子たちに
愛される鶏肉の煮込み「ペピトリア」の
作り方を、老舗で覚えてきました。
自分流にアレンジして、
気軽に作ってください。

マドリードの昔ながらのメソン（居酒屋に近い食堂）のメニューに誇らしげに記されている鶏肉料理、ペピトリア。でも生粋のマドリードっ子でないと家庭ではあまり作らないらしい——。この料理に興味をそそられた私は、図書館の文献でレシピを探してみました。すると、鶏肉のペピトリアという料理は16世紀の料理書にすでに登場していていることを発見。当時のレシピでは「鶏1羽」となっていて、鶏を丸ごと余すところなく使ったことが想像されます。それどころかその鶏も、ポージョ（若鶏）ではなくガジーナ（雌鶏）だったのです。年をとって肉が固くなった鶏を、丸ごと煮込んでやわらかくおいしい料理にする。そんな庶民の味だったのです。

節約料理ですが、私が気に入ったメソンのペピトリアでは調味料としてサフランが使われていました。サフランはとても高価なスパイスで庶民の家庭には滅多に置いてありません。パエージャが黄色いのもほとんどの場合、着色料のためです。

広大なラ・マンチャの平原に広がるサフラン畑。花一輪から3本しかとれない雌しべを手摘みで集めて乾燥させるサフランの製造作業は、たいへんな時間と手間がかかります。見渡す限りの畑からほんのわずかな量しかできないと聞けば、高価なのも無理はないとうなずくしかありません。

18世紀に出版されたフェリペ3世の料理人、マルティネス・モンティーニョの本に出てくるペピトリアにも、確かにサフランが使われています。さらにナッツやドライフルーツもぜいたくに使われ、アラブの影響を受けた濃厚な味が想像できます。

でも私がおすすめしたいのは、マドリードの老舗メソン「カサ・シリアコ」でこっそり教えてもらったレシピを土台にしたものです。欠かせないのはアーモンドと卵黄だけ。サフランは、あればという程度。そのあたりはこだわらずに、まろやかな味の鶏肉煮込み料理を楽しんでください。

Flamenquín de Córdoba

コルドバのフラメンキン

［フラメンキン・デ・コルドバ］

アンダルシアらしい
白亜の家々の連なる町、バエナ。
そこでオリーブオイル作りを営む
素敵な家族と友達になって、
教えてもらった料理です。
いつも私を歓迎してくれる暖かな人たちへの
感謝を込めて、ご紹介します。

スペイン南部を旅していると、見渡す限りオリーブ畑が広がります。スペイン料理に欠かせない食材であるだけでなく、重要な産業であるオリーブオイル作りについて、私はコルドバの近くの町バエナで親しくなった家族に教わりました。

オリーブオイル世界生産量第1位のスペインのなかで、その大部分を作っているのがアンダルシア地方。生産量が多いだけではなく、新鮮でみずみずしい香りと、熟した甘みを併せ持つ、個性豊かで良質なオイルを生み出しています。

そんなオリーブオイルを早くから有機栽培で作ってきたバエナの友人一家の食卓には、いつも新鮮なオイルがたっぷり。おつまみからデザートに至るまですべてにオリーブオイルがふんだんに使われます。オリーブオイルで作ったマヨネーズのおいしさに開眼したのも、ここでした。メイン料理は揚げものが中心ですが、揚げ油ももちろんオリーブオイル。

アンダルシアはスペインのなかでもっとも長くアラブ民族が支配していた地方で、町の佇まいにも建築にも、人々の顔立ちにまでアラブ文化の名残が色濃く感じられます。そして食にももちろんアラブの嗜好“何でもオリーブオイルで揚げる”という特徴が残っています。アラブの民は、必需品だったオリーブオイルを確保するため、地中海から南部一帯に広大な畑を植林したほど、その味と香りを愛していたのです。

コルドバの山岳地帯で作られるハモン（生ハム）を肉で巻いて揚げるフラメンキンは、コルドバの伝統料理です。バエナで教えてもらったゆで卵を加えるバージョンが好きで、いつしか私のおもてなし料理のひとつになりました。

「ハモンの代わりにローストした七面鳥をはさんだら、クリスマス料理にもなるのよ」とお母さん。「トマトソースをつけたら、いくらでも食べられるよ！」とおどけてみせた弟。そんな人たちを思い出しながら、少し高温に熱したオイルで揚げていきます。表はカリッと、なかはジューシーに。

鶏肉のペピトリア

Receta

材　料（2人分）

鶏もも肉（できれば骨付き）……2枚
塩、小麦粉……各適量
にんにく……2片
オリーブオイル……¼カップ
玉ねぎ（粗みじん切り）……1個
小麦粉……小さじ2
白ワイン……½カップ
水……½カップ
サフラン（少し砕いて熱湯で溶く）……少々
ナツメグ……少々　ローリエ……1枚
アーモンド（スライス）……30g
ゆで卵（白身と黄身を分ける）……2個
塩……適量

作り方

1 鶏もも肉に塩をし、表面に軽く小麦粉をはたいておく。
2 フライパンにオリーブオイル少量を熱し、鶏肉と丸のままのにんにくを同時に入れこんがり焼く。肉とにんにくを取り出し、土鍋に入れる。
3 2のフライパンに残りのオリーブオイルを足して、玉ねぎに火を通してソフリート（P69）を作る。
4 3に小麦粉を加え、よく混ぜたら白ワインと水を注ぐ。ナツメグ、サフラン、ローリエを加える。
5 土鍋の鶏肉に4をかけて弱火で30～40分間煮込む。
6 2のにんにくとアーモンドとゆで卵の黄身をモルテーロ（またはすり鉢）でつぶし、少量の水（分量外）で溶く。
7 5に6を加え、弱火でさらに30分間煮る。塩で味をととのえる。
8 ゆで卵の白身をきざんでのせる。

コルドバのフラメンキン

Receta

材　料（4人分）

豚ロース肉……300g

塩……適量

生ハム（スライス）……3〜4枚

ゆで卵……2個

なす（拍子木に切る）……3本

小麦粉……適量

溶き卵……適量

パン粉……適量

揚げ油……適量

作り方

1 豚肉を叩いて薄く伸ばし、軽く塩をする。

2 生ハムと適当な大きさに切ったゆで卵をのせしっかりと巻く。

3 表面に小麦粉、溶き卵、パン粉をつけて、180℃くらいの油でこんがり揚げる。

4 なすは軽く塩をふって水気をとり、小麦粉をはたいて180℃くらいの油でこんがり揚げる。

★トマトソース、マヨネーズ（P109）などを好みで添えて。

Bacalao en salsa verde

タラのグリーンソース

[バカラオ・エン・サルサ・ベルデ]

長い間スペインの食文化の大黒柱だった
バスク地方を代表する、魚料理。
ごくシンプルな材料を使って、ひとつの鍋で
魚とソースが一度にできてしまいます。
簡単なのに深い味わいが出るのは、
土鍋料理ならではの秘密です。

北の豊かな海に面し、農業にも酪農にも適した土地を持つバスク地方は、重工業が盛んで経済的にも豊かな人たちが多く、古くから「美食の地」として栄えてきました。その証拠にバスクでは、世界中から人々が訪れる高級レストランだけでなく、旧市街の気取らないバルでも、そして家庭でも料理がおいしいのです。この美食の層の厚さこそ、バスクの食の魅力だといっていいでしょう。

ご紹介する魚料理は、本来は素焼きの土鍋で作ります。土鍋ひとつで主役の魚とソースが一度に調理できるので、素材のおいしさだけがしっかり活かされるのです。サルサ・ベルデ（緑のソース）の基本材料は、オリーブオイルとにんにくとたっぷりのパセリだけ。オイルと魚のエキスが土鍋のなかで乳化して、絶妙な味を生み出します。今回はそこにアサリやゆで卵を加え、より味わいの濃いごちそうバージョンにしてみましたが、シンプルな原型もぜひ試してみてください。

バスクの生活博物館に行ったとき、木でできた大きめのスプーンとその受け皿を見つけました。案内してくれたシェフに「あれは何？」と聞くと、「バスクではオリーブの木は育たない。オリーブオイルは買ってくるものでぜいたく品だから、オイルを壺からすくったあとスプーンを受け皿にのせて、1滴でも油が無駄にならないようにしていたんだよ」

バスクの人々は、オリーブオイルをどこの地方より巧みに使って、オイルそのものを乳化させるソースまで生み出しましたが、それはオイルが貴重だからこそめいっぱい活かそうと思うところから生まれた知恵なのです。オリーブが自分の家の庭にさえある南部の人たちは、そんな使い方を思いつく必要もなかったでしょうから。

美食は、ものがふんだんにあることから生まれるとは限らない。枯渇や不足も創作のエネルギーの源になるのだと、バスクの人々の知恵は教えてくれたのでした。

Cordero al limón

仔羊のレモン風味

［コルデーロ・アル・リモン］

何世紀も変わっていない
薪のかまどで焼かれた､丸ごとの仔羊や仔豚。
そんなダイナミックなスペインの
食の醍醐味のいくらかを､家庭の
オーブンでも楽しんでください。

スペインは、ヨーロッパのなかでどの国よりも魚介類の消費量が多い国です。海に囲まれているので、日常的に魚を食べる沿岸部の地方もあります。それでもなお、スペインという国の食の土台は肉食なのだということを、知っていただきたいと思います。ハレの日には豚や羊や鶏を殺して食べる。ケの日には豆の煮込みに少しだけ塩漬けの豚肉を入れる。そんな食生活を数百年送ってきたスペインの人々にとっては、今でも「ごちそう」という言葉は「肉の塊」を意味するといっていいと思います。だから我が家では、仔羊のなかでも1番ジューシーで旨みのある背肉は、お客さまのある日のメイン料理の定番です。フライパンで焼くのもいいですが、レモン汁を搾りかけてオーブンで焼き上げると、少し焼きすぎても抜群のおいしさです。

もともとスペイン人の肉の好みは「よく焼き」。最近まで「レア」という概念のない国だったので、こういう調理法がお気に入りなのかもしれません。それに加えて、実はスペイン人はやわらかいもの好き。といっても肉の焼き方を工夫してやわらかくするのではなく、もともとやわらかい肉を買って来るのです。だから仔羊なら乳飲み子。豚も牛も乳飲み子が1番好まれて1番高価な部位でもあります。

コルデーロは1歳以下の羊をさしますが、乳飲み仔羊はレチャルと呼ばれて特別扱いです。でも肉の風味という点では、コルデーロのほうが、肉らしい味が適度にあってしかも十分やわらかいのでベストではないかと私は内心思っています。レチャルは味が淡白で、しかも背肉1本がほんのひと口分しかないのでいくら焼いても家族分が焼き終わりませんから。

そして、オリーブオイルをたっぷり吸い、レモンの香りと仔羊の旨みまでしみ込んだじゃがいものおいしいこと！　ついたくさん食べてしまってじゃがいもでお腹がいっぱいになるので、案外経済的なひと皿かもしれません。

タラのグリーンソース

Receta

材　料（4人分）

タラ……4切れ
塩、小麦粉、オリーブオイル……各適量
にんにく（みじん切り）……2片
イタリアンパセリ（みじん切り）…大さじ3
白ワイン……50㎖　水……50㎖
アサリ（砂抜きする）……12〜15個
ゆで卵（くし形切り）……2個
グリーンアスパラガス（軽く塩ゆで）
……8本

作り方

1 タラは軽く塩をして小麦粉をはたく。
2 土鍋にオリーブオイルを熱し、にんにくを入れる。にんにくから香りが出始めたらパセリを加え、タラを入れる。
3 よくゆすりながら熱して少しずつ白ワインと水を加える。
4 アサリを加え、土鍋をゆすりながら殻を開かせる。
5 必要なら塩で味をととのえ、ゆで卵とグリーンアスパラガスを添える。

土鍋の両脇を持ってゆすり続けて。

仔羊のレモン風味

Receta

材　料（4人分）

仔羊（チョップ）……8本
じゃがいも……小4個
レモン……1個　にんにく……2片
ローズマリー……適量
イタリアンパセリ（みじん切り）……適量
オリーブオイル……適量
塩……適量

作り方

1 じゃがいもは手の上でそぎ切りにして土鍋に入れる。軽く塩をしてオリーブオイルをまわしかけ、パセリを散らし、200℃のオーブンで火が通るまで20分間くらい焼く。
2 フライパンにオリーブオイルを入れて熱し、つぶしたにんにくを入れる。仔羊を入れて表面をサッと焼く。
3 1にレモンの半分を搾りかけ、フライパンのにんにくとオリーブオイルも加える。2の仔羊をその上に並べ、さらにレモンを搾りかけ、そのレモンを上にのせる。ローズマリーも加えて200℃のオーブンで20分間くらい焼く。

Marmitaco

マグロとじゃがいものシチュー

[マルミタコ]

マグロとじゃがいもの素朴な煮物は、
北の海辺の漁師町の料理。
煮込みだけれど、暑い夏にもなぜか
おいしく食べられます。
大きな鍋で作って、夏バテしている人たちに
元気を分けてあげてください。

スペイン北部カンタブリア海の、見た目はキラキラ輝いているけれど、入っていくと冷たい海。海から上がり砂浜に寝そべると、じわじわ照りつけてくる太陽。板張りの海の家で出された、何の飾り気もないスープ皿になみなみと注がれたトマト色のじゃがいもとマグロの煮物が、海と太陽に疲れた体に優しくしみ渡っていく……。

これが私の初めてのマルミタコの思い出であり、今までで最高のマルミタコの思い出です。漁師町サンタンデールでのひとコマは、それ以来、私をこの料理のファンにしました。

スペインでは、料理の名前にはっきりした由来や意味があることは珍しいのですが、この料理の名前は、鍋の名前から生まれているので、はっきりしたルーツがあります。

鍋の名前がそのまま料理の名前というケースはいくつかあって、古いところでは「オーリャ」。これは開口部の大きい煮込み鍋の名前ですが、そこで作る煮込み料理もオーリャと呼ばれ、かの「ドン・キホーテ」にもその名前で登場します。

その次に登場するのは、「プチェーロ」。これは開口部の狭い壺形の鍋で、移動に便利、少量でも作れるなどの理由から使われるようになり、アンダルシアでは今でも、豆や肉を煮込んだものを「プチェーロ」と呼んでいます。北部ガリシアの「ポテ」も、かまどの火にのせたり吊るしたりする昔ながらの鍋の名前が、そのまま煮込み料理の名前になりました。

そして「マルミタコ」は、マルミタという鍋で煮込むことからできた名前です。

マルミタとは金属で蓋のついた煮込み用の鍋のことで、もともとはバスクの漁師たちがマグロ漁にでかける時、船の上で獲れたマグロをマルミタで煮込んで食べたのが、この料理のルーツだといいます。

サンタンデールの海辺の食堂で、初めてのマルミタコのおいしさに感激した私は、早速食堂のおじさんを質問攻めにし

ました。「このマルミタコに使う魚は、何ですか？」

おじさんの答えは、「ボニート・デル・ノルテだ」。早速、手持ちの辞書で調べてみると、ボニートはカツオだけれど、ボニート・デル・ノルテはビンナガマグロ、またはビンチョウマグロです。つまりマグロの一種だけど、このあたりでは「北のカツオ」と呼ばれているらしいと理解するだけでも、私の当時のスペイン語の能力では少し時間がかかりました。もっとあとになって、地中海側ではボニート・デル・ノルテと呼ばずにアトゥン・ブランコ（白いマグロ）と呼ばれることも知りましたが。

名前はともかく、マグロを煮込んで作るマルミタコは、実は数少ない北部沿岸部共通の料理のひとつでもあります。

カンタブリア海に沿って並ぶ地方の料理を見ていると、隣同士だから似ているところもありますが、辿ってきた歴史の違いが、こんなに趣の異なる食文化を築かせているのだなと感じさせる料理もあります。

1番東寄りのバスクが、鯨漁のおまけのように発達したタラ漁を基盤として豊かな魚料理の体系を築いてきたのに対し、1番西寄りでケルト民族の余韻が今なお残るガリシアでは、魚介類があまりにも豊富だからこそ料理らしい料理は発達しないまま数世紀を重ねてきました。

アラブの影響を受けていない唯一の地方だと誇るアストゥリアスには、意外と素朴な郷土料理しかないのに対し、かつては「海のカスティーリャ」とも呼ばれたカンタブリア地方には、どこかエレガントで手の込んだ料理があったりします。

そんな北の海辺で、バスクからカンタブリア、アストゥリアスと3つの地方にまたがって、ほとんど同じ料理が存在するのがマルミタコなのです。マグロ漁の季節にマグロがふんだんに安価に手に入る海辺で、じゃがいもを加えてボリュームのあるおいしい家庭料理にしたものが、マルミタコ。だから、

ガリシアまでいくと漁場が変わるので、じゃがいもと組み合わせる魚は、メルルサになったりタコになったりします。

肉じゃがならぬ「魚とじゃがいも」という組み合わせは、ちょっと違和感があるかもしれませんが、実はスペインでも、カルネ・コン・パタタ（肉とじゃがいもの煮込み）のほうがずっとポピュラーです。しかも、節約して肉は少なめでじゃがいもばかりだったりすると、半分嫌味で「パタタス・コン・カルネ」、肉じゃがではなくてじゃが肉だねといわれたりします。マルミタコもじゃがいもがとてもおいしく煮えるので、マグロは少なめの節約プランでも、十分に楽しめます。

私がサンタンデールでマルミタコに出会って大好きになったのは、夏の7～8月にかけてでした。それは、マグロの季節が夏だからです。煮込みだけれど、夏の料理。旬に作られるマルミタコは、マグロの大部分をツナ缶にしてしまうスペインではむしろ貴重な、郷土料理といっていいでしょう。

家族が、元気に暑い夏を乗り切ってくれるように。そんなスペインの漁師町のお母さんたちの思いのこもった煮込み料理を、日本の夏にもぜひ作ってみてください。

Marmitaco

マグロとじゃがいものシチュー

Receta

材　料（4人分）

オリーブオイル……¼カップ
玉ねぎ（1cmの角切り）……2個
ピーマン（1cmの角切り）……1個
にんにく……1片
トマト……2個
パプリカ……小さじ2
じゃがいも……4〜5個
魚のスープストック（P108）または水……3カップ
マグロ……500g
塩……適量

作り方

1 鍋にオリーブオイル、玉ねぎ、ピーマン、にんにくを入れて弱火で火を通しソフリート（P69）を作る。
2 トマトは直火でさっと焼いて皮をむき、ざく切りにする。
3 2のトマトを1に入れ、火が通ったらパプリカをふり入れる。
4 皮をむいて適当な大きさに切ったじゃがいもを加え、全体をからませる。
5 スープストックを加えてじゃがいもがやわらかくなるまで20分間ほど煮込む。
6 ひと口大に切ったマグロに軽く塩をして加える。弱火で数分間煮て、塩で味をととのえる。

Aceite de oliva
オリーブオイル

スペイン料理の1番基本になる調味料はオリーブオイルです。日本料理でいえば醤油のような存在。これがなくてはスペインの味は生まれません。上質のオリーブオイルはフルーティな香りとまろやかな風味で、あらゆる料理を一段アップしておいしくしてくれます。

栄養価も高く、しかも加熱に対して他のものに比べて安定性の高いオイルなので、揚げ物や高温のソテーにも最適。手軽な価格のものはたっぷり調理に。少しぜいたくなものは、好みに合わせて味つけにと使い分けるのが上手な使い方です。

「ヴァージンオイル」という基準をクリアしているものなら酸度も風味も合格のはず。あとは自分の好みのものを見つけてください。オリーブオイルを選ぶ基準は、最終的にはあなたの「五感」つまり香りや味ですから。

ひとつ知っておいてほしいこと。それは「オリーブオイルは出会った素材の甘みを引き出す」ことです。じゃがいもも卵も、肉も魚も、オリーブオイルで甘くおいしく。そう思って調理していくと、素材の味を活かした料理ができるはずです。

Vieiras al vino blanco

ホタテ貝の白ワイン焼き

[ビエイラス・アル・ビーノ・ブランコ]

スペイン一のシーフードの宝庫ガリシアから、
昔ながらのホタテ貝の料理をご紹介します。
白ワインの香り、香ばしいパン粉の香り、
海の香りが一体になって、
ガリシアの海がそのまま食卓に。
日本にも新鮮なホタテ貝があるから、
すぐにでも作ってみたくなるはずです。

「ガリシア地方の魅力は？」と聞いたら、かなりのスペイン人が「マリスコスが安くておいしいところ！」と答えると思います。マリスコスとは、魚を除くシーフード全般のこと。タコもイカも、エビもカニも、貝類もすべて含まれます。

スペイン人の多くはマリスコスが大好き。でも、周囲を海で囲まれているとはいえ内陸部の広いスペインでは、マリスコスはかなり高価で、ぜいたくな食べものといってもいいくらいです。ですから、カンタブリア海と大西洋の潮流が出会い格好の漁場を形作っているガリシアは、マリスコスが豊富で安く、スペイン人にとって理想的な旅行地ということになります。ガリシアは雨が多くて涼しく、太陽がいっぱいの地中海のようなリゾート地ではないけれど「牡蠣を思いっきり食べたくて」とか、「大きなカニを食べたい」という理由でバカンスに訪れる人も珍しくありません。そんなガリシアで、特に有名なマリスコスのひとつがホタテ貝です。

ガリシアの小さな町サンティアゴ・デ・コンポステーラは中世カトリックの重要な聖地で、スペイン全土だけでなくフランスからはピレネー山脈を超えて、イギリスからは海を渡って、無数の巡礼たちがはるばるここを訪れてきました。

その巡礼たちが母国から持ってきた文化。彼らがもたらした「巡礼の道」沿いの地域の文化。それらがイベリア半島の北西のはずれの僻地ガリシアに、豊かな文化圏を築いて来ました。そして、その巡礼の目的地であるサンチャゴ、日本風に言うと「聖ヤコブ」のシンボルがホタテ貝なのです。

ホタテ貝は、スペインだけでなくほとんどのヨーロッパの海辺の地方で、比較的簡単に見つかります。巡礼たちはこの貝殻を水を飲むための器として常備し、そしてまた帽子や杖の飾りとして使用し、次第にシンボルとして定着していったと思われます。多くの巡礼の出発点でもあったフランスで、ホタテ貝が「コキーユ・サンジャック（聖ヤコブの貝）」と呼ばれているのも、その浸透度の深さを物語っています。だから「キリスト教の聖地」としてのガリシアにもっともふさわしい食材といえば、「ホタテ貝」ということになるでしょう。

そんな由来のあるホタテ貝ですが、一般的な料理方法はいたって単純です。火であぶって殻を開かせ、レモンで食べる。ワインや簡単なソースをかけてオーブンで焼く。どれも、新鮮なホタテ貝さえあればすぐできる食べ方です。

スペイン各地を回って料理を勉強していた若い頃の私が出会ったのも、そういうシンプルなホタテ料理でした。サンティアゴの食堂で食べたホタテ貝。ちょっと焦げていたけどおいしかったな、地元リアス・バイシャスのワインを奮発したらぴったりだったな……などと、今もその味を思い出します。

それから30年の間にガリシアにも新しい美食の波が押し寄せ、いくつもの新しいホタテ料理が生まれました。そのなかのひとつ、トニ・ビセンテという女性シェフが発表した「ホタテ貝のサラダ」については、人気若手シェフだった彼女にインタビューした時の言葉を今でも覚えています。

「私のトレードマークになったホタテ貝のサラダは、ほとんど生で火を通さないでしょう？　レストランに来てくれるお客さまの半分以上が、サラダと聞くと注文してくれない。『やっぱりいつものホタテがいい』と言うの！　あのオーブンでカリカリに焼きすぎたホタテのほうが！」

ガリシアはもともと保守的な土地柄です。ひと昔前のサンティアゴの人たちにとって、トニの料理はまだまだ新しすぎたということでしょう。

そのトニの活躍もすでに過去の話になり、今ガリシアにはさらに力強い創作料理が奔流となっています。そのなかのひとり、女性シェフのルシア・フレイタスとは数年前から親しくしていますが、彼女も、新しいホタテ料理を発表しています。生のホタテ貝はほのかな柑橘の香りをまとい、下にはピュレになった野菜のソース、上にはメキシコ料理のセビーチェにヒントを得た味のシャーベットがのせられて、鮮度のいいホタテ貝の歯切れのよさが見事に引き立てられたひと皿です。

トニのサラダもおいしかった。ルシアのセビーチェ風もおいしい。でも、ガリシアの人々に愛され受け継がれてきた「ホタテ貝の白ワイン焼き」は今も健在です。私はこの味をぜひ日本でも紹介していきたいと思っています。それというのも、ガリシアと日本の東北には、大きな共通点があるからです。ガリシアの海岸線は、その成り立ちと形から「リアス」と呼ばれますが、それに因んで、日本の東北の海岸線もリアス式海岸と呼ばれていることをご存じでしょうか？　同じような成り立ちを持つ海岸だから海の様相も似ていて、だから日本のリアスでもガリシアと同じようにホタテ貝が養殖されています。

ガリシアのリアスのホタテで作る料理を、日本でもぜひ楽しんでいただけたらと思います。日本の海で育ったホタテでも、きっと食卓にガリシアの潮風を届けてくれますから。

Vieiras al vino blanco

ホタテ貝の白ワイン焼き

Receta

材　料（4人分）

ホタテ貝……4個

オリーブオイル……大さじ3〜4

玉ねぎ（粗みじん切り）……小1個

生ハム（きざむ）……20g

トマトピューレ（またはホールトマトをつぶして）……¼カップ

塩……適量　砂糖……小さじ1

パプリカ……小さじ2

イタリアンパセリ……適量

白ワイン*……½カップ

パン粉（ミキサーでごく細かく砕く）……大さじ4

作り方

1 ホタテ貝はナイフで開き、ワタなどを掃除して殻と身の部分だけにしておく。

2 鍋にオリーブオイル、玉ねぎ、生ハムを入れ、ソフリートを作る。

3 トマトピューレ、塩、砂糖、パプリカ、イタリアンパセリを加えて10分間くらい煮る。

4 白ワインを加え、最初の半量になるまで煮詰める。

5 ホタテ貝の身を4に入れて軽く煮て火を通す。

6 5をホタテ貝の殻にのせ、パン粉をふりかけて200℃のオーブンに約10分間入れ、焼き目をつける。

*ガリシアではリアス・バイシャス産の白ワインを使用しますが、代わりにするならフルーティーなタイプを選んでください。

Sofrito
ソフリート

この本に出てくる料理の多くが「ソフリート」を作るところからスタートします。ソフリートとはたっぷりのオリーブオイルできざんだ玉ねぎなどをゆっくり低温で調理すること。「ソテー」という言葉を使うともっと手早く強めの火で炒める感覚ですが、それとは根本的に違います。むしろ「油で煮る」イメージです。

このソフリートの旨みと甘みが、スペイン料理の大切なだしになりますから、粗末にはできません。日本料理で、昆布やかつお節をケチケチしてはおいしくできないのと同じように、オリーブオイルはたっぷりと。そしてゆっくり時間をかけて、玉ねぎが焦げないように調理してください。ここをさぼらずにきちんとすれば、おいしい仕上がりは保証します。

聖地サンティアゴ・デ・コンポステーラのシンボルの十字架は、独特の形。
大聖堂の門前町として発展してきた町のあちこちで、この十字架を目にします。
名物のケーキの上にも、十字架の模様が。

La Cena de Navidad スペインのクリスマス

スペインの人々が、1年で1番大切にしているディナー。
それはクリスマスイブではないかと思います。この日の1番のごちそうは、
家族が全員集まること。だから高価な食材でなくても、みんなが好きなものを
取り合わせてメニューを考えます。飛び入りのお客さまがあっても大丈夫なように、
たっぷりと。そんな料理が揃うと、賑やかな食事の始まりです。

地方ごとに独特の食文化を持っているスペインですから、クリスマスのメニューも地方によって異なります。共通しているのは、クリスマスイブは家族全員が集まって、家で食事をする日だということ。日本のようにレストランに行くという習慣はなく、むしろレストランをやっている人たちもお店は閉めて、家族でクリスマスを楽しむほどです。

そんな家庭のクリスマス料理のなかから、マドリードっ子の夫と結婚してから私が1番長くつき合ってきた、首都マドリードの伝統的な料理をご紹介します。人数が増えても対応しやすい、しかも早めに作っておける料理が中心です。これ以外にも家庭ごとに欠かせない定番の料理が加わり、イブの食卓は品数も量もたくさんの豪華なものになるのです。

私の夫の家族はそんなに大人数ではありませんが、それでも10人くらいは集まるので料理も分担して用意します。スープは料理の得意な妹が。サラダは別の妹が。オードブルはみんなで持ち寄って。そして「紫キャベツの煮物」と「タイのオーブン焼き」は数年前から私の受け持ちになりました。マドリード育ちのお母さんに「マリのロンバルダはおいしい！」「今年もタイを焼いてね！」と言われると、スペインの家族との絆が一層大切に感じられます。今年もまた、クリスマスイブは張り切ってこのメニューを作りたいと思っています。

紫キャベツのマドリード風

Lombarda madrileña

紫キャベツが1年に1度、この日だけ脚光を浴びます。しかも、スペイン全土というわけではなく、マドリードだけのクリスマス料理です。

ゆっくり塩ゆでしてやわらかくなった紫キャベツに、オリーブオイルを少し加えただけでもおいしいひと皿になりますが、一緒にりんごを煮込み、玉ねぎをていねいにソテーしたソフリートを加えると、一段とコクのある味になるのでおすすめです。でき上がりの色も、りんごを入れたほうが鮮やかなピンクに仕上がって食欲をそそります。

作るときはぜひ多めに作ってください。そもそもスペインでは、野菜料理をたっぷり食べるのが習慣。気に入ったらスペイン風にスープ皿でたっぷり食べてほしいです。でも余っても大丈夫、ミキサーにかけてなめらかにすれば冬にぴった

りのクリームスープにもなりますし、魚料理や肉料理のつけ合わせにも活用できますから。

タイのオーブン焼き *Besugo al horno*

首都マドリードは、海から遠い台地の真んなかにできた町です。だから新鮮な魚介類は何よりぜいたくなごちそうなのですが、マドリードの人々もエビや白身の魚は大好き。だからこそ「クリスマスにはタイを」という伝統が生まれたようです。

輸送の条件のよい今とは違って、北の海辺からタイを運ぶのが大変だった時代、「クリスマスのタイはラバを殺す」と言われたとか。高い山を越えてラバにムチ打って、新鮮なタイをマドリードに運んだ様子が想像できます。ただし当時の「新鮮」というのは、魚の鮮度にうるさい私たち日本人から見れば、相当いい加減なものだっただろうと思いますが。

現代ではマドリードの巨大な市場へスペイン各地から魚が運ばれてくるようになり、クリスマスイブを目当てに大量のタイが売られるのですが、問題はその値段が驚くほど高いこと。クリスマスが近づくにつれて倍くらいまで跳ね上がるので、普段でも白身魚は高級品とされているマドリードでは買うのをためらってしまうほど。それでも、いたって簡単なのに淡白なタイをおいしく食べられる、しかも見栄えのいいこのひと皿は、やはり食卓の真んなかに欠かせません。

ここでもオリーブオイルはいい仕事をしています。付け合わせのじゃがいもも、おかわりしたくなるおいしさです。日本でならリーズナブルな値段でタイが買えるクリスマス、ぜひこのひと皿で豪華な食卓の演出を。

牛肉の煮込み

Estofado de carne con patatas

クリスマスの肉料理はいろいろありますが、大勢集まる時に便利なのはやはり煮込み料理。前日に煮込んでおけばよりおいしくなります。特に好評なのが、バスクのシェフに教えてもらった昔風のシチュー。焼いただけでは固い部位の肉をとことんやわらかく煮込んで、ごちそうに変身させます。

スペイン人はやわらかい肉が好き、仔牛や仔豚が好きだといっても、いつもそんなぜいたく品が食べられるわけではありません。大部分の肉料理は、固い肉も余った肉もおいしく食べられる、家庭の主婦の知恵が生み出した料理です。この煮込みも、たっぷりのパプリカとオリーブオイルが肉をやわらかく甘みのある味に仕上げてくれるので、あとはゆっくり煮込むだけ。タイでぜいたくをしたので、肉料理は普段使いの料理にするのが賢い主婦の腕の見せどころです。

しかもポテトフライを合わせると、子供から大人まで大好きな最強のコンビになります。煮込み料理にフライをのせるのはスペインでは日常的で、ぜひおすすめしたい食べ方です。

肉と一緒にじゃがいもを煮込むシチューもおいしいけれど、

こうして別に揚げることでふたつの質感が出会って、ちょっと趣の違うひと皿ができ上がります。

アーモンドのアイスクリーム

Helado de almendras

もともとはカトリックの国だったスペインのクリスマスは、12月24日のイブから1月6日の公現祭まで2週間近くも続きます。この長い期間、いつでも家庭にあって毎日のようにデザートに食べるお菓子のひとつ、それがトゥロンです。

地中海岸のバレンシア地方ヒホーナというところで生まれたアーモンドとはちみつをねり固めて作るヌガーのようなお菓子ですが、「これがないとクリスマスが来た気がしない」というのが、長年スペインでのクリスマスを過ごしてきた私の実感。でも日本では入手できません。そこで作ったのがこのアイスクリームです。簡単に作ることができてトゥロンの味。何人かのスペイン人に食べてもらいましたが、皆が「これはトゥロンだ！」と喜んでくれました。

厳密には「セミ・フリオ（やや冷たい）」と呼ばれるタイプのデザートで、アイスクリームメーカーがなくても手軽に作れるのが魅力。欠点は室温に出すとすぐとけ始めることです。お客さまには「とけないうちに食べて！」といいながらサービスしましょう。

アーモンド色のアイスクリームに
凍らせておいたベリー類を
のせたら、
ちょっとクリスマスカラーに。
いちごやぶどうやキウイなど、
生のフルーツを添えても
似合いそう。

Besugo al horno
P74

Lombarda madrileña
P75
Estofado de carne con patatas
P76
Helado de almendras
P75

Besugo al horno
タイのオーブン焼
［ベスーゴ・アル・オルノ］

Receta

材　料（4人分）

タイ……1尾	じゃがいも（皮付き）……2〜3個
レモン（スライス）……1個	イタリアンパセリ（粗みじん切り）……大さじ3
ローリエ……2枚	
オリーブオイル……適量	塩、こしょう……適量

作り方

1 じゃがいもは皮ごと塩ゆでし、芯までやわらかくなったら取り出して、少し冷ましてから皮をむいて厚めにスライスする。

2 タイはウロコとワタをきれいに取り、軽く塩、こしょうをして、オリーブオイルを入れた耐熱皿にのせる。表面に斜めに6〜7カ所、切り目を入れる。まわりに1のじゃがいもを並べ、塩とパセリをふる。

3 レモンのスライスをタイの切れ目にはさみ、ローリエを添え、全体に軽くオリーブオイルをまわしかけて、200℃のオーブンで20分間ほど焼く。

Lombarda madrileña

紫キャベツのマドリード風

［ロンバルダ・マドリレーニャ］

Receta

材　料（4人分）

紫キャベツ（ざく切り）……½個
りんご（皮をむく）……½個
オリーブオイル……大さじ4
玉ねぎ……½個
松の実……適量
塩……適量

作り方

1 紫キャベツを塩ゆでする。やわらかくなったら、いちょう切りにしたりんごを加える。ゆで上がったら、余分な水分は捨てる。
2 フライパンにオリーブオイルを入れ、粗くみじん切りにした玉ねぎを入れて弱火でソフリート（P69）を作り、1のキャベツに加える。
3 塩で味をととのえ、松の実を加える。

Helado de almendras

アーモンドのアイスクリーム

［エラード・デ・アルメンドラス］

Receta

材　料（6人分）

卵黄……2個
砂糖……½カップ
アーモンドパウダー……½カップ
アーモンドスライスまたはホール……大さじ2
はちみつ……大さじ2
シナモンパウダー……少々
生クリーム……1カップ
卵白……1個
グラニュー糖……大さじ2

作り方

1 ボウルに卵黄と砂糖を入れて、湯せんにかけながら泡立て器でよくかき混ぜ、クリーム状にする。
2 火からおろし、アーモンドパウダーとはちみつを加えさらによく混ぜる。
3 軽く砕いたアーモンドとシナモンパウダーを加える。
4 生クリームは8分立てにし、卵白は軽く泡だててグラニュー糖を加える。
5 3に生クリームを加えて混ぜ、その後卵白をさっくりと混ぜて型に流す。冷凍庫で4〜5時間以上冷やし、食べる直前に皿に盛りつける。好みでラズベリーなどのせる。

Estofado de carne con patatas

牛肉の煮込み

［エストファード・デ・カルネ・コン・パタタス］

Receta

材　料（6人分）

牛肉（煮込み用）……600g
オリーブオイル……適量
にんにく（丸）……2～3片
ローリエ……2枚
玉ねぎ（みじん切り）……大1個
パプリカ……大さじ3
辛いパプリカまたはチリペッパー……少々
にんじん（輪切り）……2本
赤ワイン……1カップ
水……適量
じゃがいも……3～4個
塩、小麦粉、揚げ油……各適量

作り方

1 牛肉はひと口大に切って塩をし、軽く小麦粉をふっておく。
2 鍋にオリーブオイルとにんにく、ローリエを入れて熱し、肉を加えて表面をこんがり焼いたら、一度肉とローリエを取り出す。
3 2に玉ねぎを加え、ソフリート（P69）を作る。パプリカを加え、最後に赤ワインを加えてひと煮立ちさせる。
4 2の牛肉とかぶるくらいの水を加えて、弱火で2時間ほど煮る。仕上げの1時間前ににんじんを加える。
5 4を具材とスープに分け、スープとにんじんの半量をミキサーにかけてピュレにし、鍋にもどす。塩で味をととのえる。
6 じゃがいもは棒状に切り、180℃の揚げ油でじっくり揚げ、5にのせる。

Muchos ajos
en un mortero,
Mal los maja
el majadero

そんなに欲張っても、
ひとりで全部はできないよ！

Mortero
モルテーロ

昔々、スペインの家の台所にはいろいろな大きさのモルテーロ（すり鉢）が揃っていました。小さいのは、にんにくをつぶすのに。中くらいのは、合わせた調味料を混ぜたり、イカの墨をすったり。大きいのは、ガスパッチョを作るのに……。用途によって、素材も木製、瀬戸物、金属などいろいろです。でも、素焼きの大きなモルテーロで最初から最後まですりつぶして作るガスパッチョのおいしさなんて、今では地元の人も知らないかもしれません。すっかり普及したミキサーやブレンダーの存在が、モルテーロの影を薄くしてしまったからです。

それでも家庭料理を作る時にモルテーロは欠かせない存在です。たとえばにんにく。丸ごと１個使う、１片ずつ皮付きで使う。スライスする、きざむ、つぶす。その調理法によってにんにくの味と香りは変化するからです。モルテーロでつぶしたにんにくの香りは、きざんだものよりマイルドで、料理の味にもよりよくなじみます。

ほかにもモルテーロが必需品なのはカタルーニャのピカーダや、南部のマハードを作る時。どちらも複数の調味料をすり鉢のなかでよくすりつぶしてから、それを鍋の料理に加えるという調理法で、仕上がり際の料理に巧みに味を加えることができるのです。スペインのモルテーロがない時は、日本のすり鉢で代用してください。

そうそう、スペインでは、お鍋のなかの料理に塩をするのさえも、直接鍋に塩をふらずに、いったんモルテーロのなかで少量の湯で溶いてから加えます。そうすれば料理をあまりかき混ぜなくても味が全体になじみます。こんなちょっとした工夫も、母から娘へと受け継がれてきた知恵だと思うと、大事にしていきたいものです。

デザート
Postre

Torrijas de leche

復活祭の揚げパン菓子

［トリッハス・デ・レッチェ］

冬の終わりを告げる頃の祭り、
復活祭に欠かせないトリッハスは、
余ったパンで作る質素なデザート。
でも、固くなったパンとは思えないおいしさに、
作ってみたらきっとファンが増えるでしょう。

この本でご紹介している料理もデザートも、意識したわけではないのに「余りもの」を使うレシピが多くなりました。作ってしまった料理の残り。冷蔵庫に余った食材。固くなってしまったパン。スープをとったあとの魚や鶏肉。そういうものを上手に使って巧みにおいしいひと皿を作り上げるスペインの主婦の知恵が、本当に素晴らしいなあと昔から感心してきたので、自然にそういう料理を選んだのだと思います。

このトリッハスもそうです。余って固くなったパンを牛乳に浸し、卵をつけて揚げる。簡単なのに、残りもののパンとは思えないふっくらした食感のデザートに生まれ変わります。

春の復活祭は、今も人々の生活に深く根づいて組み込まれている行事ですが、その時に欠かせないのがこのトリッハス。どうしてトリッハスなのかという理由には、いかにもスペインらしい説をいくつか聞いたことがあります。

「復活祭の時は精進料理で、肉を食べられない。すると、いつも肉と一緒に食べているパンが減らないのでたくさん余る。それでパンをデザートにすることになった」という説。「精進料理で食事にボリュームがないので、せめてデザートは栄養もあっておいしいものを出そうとした」という説。

いずれにしても「本来なら肉を食べたいのに……」というスペイン人の思いが伝わってくるような説です。庶民には肉食を禁じて、お坊さんたちがおいしい肉をこっそり食べていたという皮肉を交えた話はたくさん伝わっていますが、当時の一般的な人々は従順に我慢して、デザートでまぎらわせていたようです。

それにしても、昔からのスペインのデザートには、はっきりいって洗練されたものは見つかりません。余ったパンを揚げたもの、粉を練って揚げたもの、牛乳を甘く煮詰めたもの、などなど。どれもよくいえば素朴、悪くいえば田舎風で質素です。それはなぜかというと、スペインが貧しい時代を長く

経てきたからだと私は思います。食文化のなかでも、菓子というのは最後に発達するものです。だから、豊かで安定した時代がある程度以上長く続かないと、洗練されたお菓子は生まれないことになります。

都市国家が栄えた時代のベネツィア。ハプスブルグ王朝が頂点を迎えた時代のウィーン。ルイ王朝が豪奢を極めた時代のフランス。いずれの場合も、外部との戦争に明け暮れしない安定した政権が続いていたこと。王族貴族、あるいは市民であっても、菓子に至るまでこだわって美食を追求できる豊かな階層が存在していたこと。それだけの条件が揃って初めて、豊かで変化に富んだお菓子の文化が生まれてきました。

そうなると、アラブとの勢力争いで宮廷まで軍隊とともに移動していたり、植民地獲得に忙しくて戦争にばかり金銀を使って国内には富が蓄積されなかったりと、貧しい時代が続いてきたスペインで、洗練されたお菓子が発達するはずはありません。女王さま本人が「調味料はにんにくで十分」と言ったり、小説のなかでお金持ちが「最高のごちそうは鍋に丸ごと入っているうさぎや鳩」と語っていたりする国なのですから。

でも、質素だからこそ生まれる魅力もある。素朴だけれど完成度が高く、人を惹きつけることもある。そういうお菓子のひとつが、このトリッハスではないかと思います。肉食を禁じられた庶民が「それならデザートで盛り上げようじゃないか！」と張り切ってトリッハスを作る様子が想像できます。

精進の期間で野菜や豆ばかりのメインディッシュのあとでも、たっぷりのトリッハスを食べればかなり満足できそうです。卵と牛乳で栄養もあり、なかなか賢いメニュー構成です。

ところで、材料と作り方をざっと見ると「これはフレンチトーストでは？」と思う方もいらっしゃるかもしれません。でも、肝心なところがいくつか違います。

まず、パンにしみ込ませるのは牛乳だけ。それも、「これ以

上は無理」というところまで大量に含ませます。そして卵は、揚げるための衣に。こうすると、パンはめいっぱい牛乳を含んでいるので油を吸い込むことはできず、油で揚げているにもかかわらず、そんなに油っぽくならないのです。そしてバターはいっさい使わずにオリーブオイルだけで。残ったパンからフランス人が思いついたデザートと、スペイン人が思いついたデザート。似て非なるところが楽しいです。

トリッハスには「ワインのトリッハス」というバージョンもあります。少し甘くした赤ワインをたっぷりしみ込ませて、あとは同じように卵をつけて揚げるのです。昔は居酒屋のメニューにも入っていたというこちらのトリッハス、残った赤ワインがあるときに作ってみてはいかがでしょう。こちらはちょっと大人向きのデザートです。

そしてトリッハスの1番大事なコツは、パンをできるだけよく乾かして、液体をたくさん吸うようにすること。卵をくぐらせるときは、そっと手にのせて、液体がしみ出さないようにすること。さあ、こんがり揚がったら揚げたてをどうぞ。

Torrijas de leche

復活祭の揚げパン菓子

Receta

材　料（4人分）

バゲット（1〜1.5㎝に切って。固くなったもの）……8枚
牛乳……2カップ
砂糖……½カップ
シナモンスティック……1本
レモンの皮……½個分
溶き卵……1〜2個
オリーブオイル……適量
グラニュー糖……適量
シナモンパウダー……適量

作り方

1 バットにバゲットを並べておく。シナモンパウダーとグラニュー糖を1：10で混ぜ合わせてシナモンシュガーを作る。
2 鍋に牛乳と砂糖、シナモンスティック、レモンの皮を入れ、砂糖が溶けるまで温める。火からおろし、そのまま少し冷ます。
3 2を1にたっぷりかけ、1時間くらい置く。
4 小さめの鍋に1㎝弱の深さのオリーブオイルを入れて熱し、3に溶き卵をつけて、高温で揚げる。
5 よくオイルを切り、シナモンシュガーをたっぷりとまぶす。
★ 揚げたてでも、冷めてからでもよい。

パンは乾かして
牛乳をたっぷり
吸わせて

Pan de Calatrava

カラトラバ修道院のパンプディング

［パン・デ・カラトラバ］

カスタード・プディングは
スペインでも定番のデザートですが、
パン・プディングも、
それとはひと味違うおいしさ。
ムルシアでは、家庭でもレストランでも
欠かせないデザートです。

マドリードで毎日図書館に通って勉強していた頃、慣れないスペイン語の文献調べで疲れた帰り道。毎日立ち寄るカフェのパン・プディングがおいしくて、「もうすぐパン・プディングの時間」と自分を励まして辞書をめくっていたのも、今ではなつかしい思い出です。それ以来、英語のプディングがなまって「ブディン」と呼ばれているこのデザートは私のお気に入りになりました。ところがこのお菓子、スペインでは見つからない地方もあります。カフェにいくたびにメニューで「ブディン」を探していた私を、ムルシアでうれしい驚きが待っていました。どこのカフェにもレストランにも、ブディンがあるのです！　そしてそれには「パン・デ・カラトラバ」という名前がついていました。どうしてカラトラバなのか？　地元の人に聞いても、「昔からそう呼んでいたから」と言うスペインらしい答えが返ってくるだけでしたが。

おとなりのシウダ・レアル県にあるカラトラバという町で生まれたから名前がついたのだという説。中世に始まったカトリックの騎士団カラトラバの僧侶が作っていたのだという説……。いろいろ聞きましたが、カトリックのお坊さんが発明したという説が気に入っています。だって、中世のスペインで1番おいしいものを食べていて、おいしいものを発明するチャンスにも恵まれていたのは裕福な教会や修道院の僧侶たちだったのですから。ちなみに、カラトラバ騎士団というのは、普通のお坊さんではなくて異教徒と戦うための僧兵の集まりでしたから、戦いのない時には、おいしい甘いものを楽しんだのも無理はないかもしれません。

これも、本来は「余りもの」料理です。余って固くなったパンをおいしくよみがえらせるのがオリジナルですが、カップケーキやマドレーヌ、スポンジケーキなどを使うとさらにおいしくなるので、ちょっとだけぜいたくに。食いしん坊のカラトラバのお坊さんたちも、きっと賛成してくれるでしょう。

Arroz con leche

お米のデザート

［アロス・コン・レッチェ］

スペインの家庭のデザートといったら、
まず頭に浮かぶのはこれです。
しっかり甘く作って、できるだけ
よく冷やして、試してみてください。
友達のお母さんに教えてもらった
失敗のないレシピです。

日本で「お米のデザート」というと、以前は首をかしげる方が多かったのですが、最近では人気です。マドリード生まれの私の夫はすごく甘党で、結婚前の私はデザートを上手に作って喜んでもらおうと一生懸命になったものでした。

そのなかで1番失敗をくり返したのが、アロス・コン・レッチェ。「甘くない」とひと言で却下され、彼もその友達も食べてくれないのです。次に作るときは、前より甘く。次にはもっと甘く。私の常識ではありえないような量の砂糖を入れてやっと、「これなら食べられる」と言ってもらえました。その時の砂糖の量が「米と同量」だったので、私は今でも「お米と砂糖は同量、または砂糖が多め」と教えています。

デザートは甘いもの。お菓子は甘いもの。それが、私がスペインで学んだ基本です。しっかり甘いからこそ、料理のあとの余韻を締めくくってくれるのですから。甘いものがそれほど得意でないという方は、食べる量を減らせばいいのではないかと思います。

スペインで最初に記録に残っている米のレシピは、米ではなく米粉を使っています。米粉でとろみをつけたデザート。米粉入りの料理もあります。米そのものを使うようになって米の栽培が著しく増えたのは、アラブ民族の支配の時代です。この時代に広大な水田地帯となったバレンシア地方は、今でもスペイン随一の米どころとして知られています。お米を好み、甘いものを愛したアラブ民族の時代に、このデザートの原型も生まれたのかもしれません。

スペインの高級レストランでもデザートメニューにのっていますが、やっぱりおいしいのは家庭の味。私のレシピは、親友のエレナのお母さんに教えてもらいました。「少しトロッとするまで、米に芯がなくなるように。ときどき木しゃもじでゆっくりかき混ぜて……」とうれしそうに教えてくれたお母さんを、作るたびになつかしく思い出します。

Pan de Calatrava

P90

Arroz con leche

P90

カラトラバ修道院のパンプディング

Receta

材　料（10cm×20cm×10cmの型1台分）

マドレーヌなど……1カップ
牛乳……2カップ
砂糖……2/3カップ
レモンの皮……1/2個分
シナモンスティック……1本
卵……4個

〈キャラメル〉
　砂糖……大さじ4
　水……大さじ1

生クリーム（8分立てにする）……1/2カップ

作り方

1. キャラメルを作る。小さな鍋に砂糖と水を入れ、火にかけて焦げる寸前まで熱する。型にながす。
2. マドレーヌは手で崩し、型に均等に入れる。
3. 鍋に牛乳、レモンの皮とシナモンスティック、砂糖を入れて火にかけ、温めて砂糖を溶かし香りをつける。
4. *3*を少し冷まし、ボウルに入れてよく溶いた卵に少しずつ加えて混ぜる。混ざったら型に流し込み、しばらく置く。
5. 210℃のオーブンで湯せんにかけながら30〜40分間焼き、冷蔵庫でよく冷やす。ホイップクリームを添えて。

お米のデザート

Receta

材　料（4人分）

米……1/2カップ
水……2カップ
牛乳……500mℓ
砂糖……1/2カップ〜
レモンの皮……1/2個分
シナモンスティック……半本
シナモンパウダー……少量

作り方

1. 米はさっと洗って鍋に入れ、水を加えて30分間つけておく。そのままコンロにかけ、芯がなくなるまでゆでる。
2. 別の鍋に牛乳、砂糖、レモンの皮、シナモンスティックを入れて温める。
3. *1*の鍋に*2*を入れ、30分間ほど煮る。
4. ときどき混ぜながらゆっくり冷まし、冷蔵庫に入れて冷やす。レモンの皮とシナモンスティックは取り出し、器に盛り、シナモンパウダーをかける。

Leche frita
カスタードのフライ
[レッチェ・フリータ]

牛乳と小麦粉だけでできるのに、
ちょっとおしゃれなデザート。
これも、家庭の主婦の知恵から生まれた
簡単で栄養のあるスイーツです。
かわいい大きさに仕上げて、甘口の
デザートワインと一緒にどうぞ。

スペインのデザートは大別すると、ふたつのジャンルに分かれます。ひとつがフルーツ系。メインディッシュが肉料理の時には、特に欠かせません。主役の肉が秋に解禁のジビエというような時は、季節感を合わせたフルーツをデザートに、といった心配りもします。しかし、スペインの果物はどれもそのままでおいしいので、デザートとしてそれほど工夫をこらす必要がありません。

もうひとつのジャンルが乳製品系で、魚系の料理のあとや、匂いの強い料理のあとに好まれます。そして、こちらがデザート自慢の主婦の腕の見せどころとなります。

レッチェ・フリータも代表的な乳製品系のデザート。牛乳を固めたものを揚げて、名前もそのままずばり、「牛乳のフライ」とつけられています。いつでも常備している食材から見事なデザートを生み出したのは、北部ナバラ地方ではないかといわれていますが、南部アンダルシア地方でも好まれているし、少なくとも現代ではかなり全国的に人気のあるデザートと言っていいと思います。

このデザートは、ずいぶんいろいろなところで食べた記憶があります。しっかり甘くて大きくて、いかにも田舎風だけれどおいしかったアンダルシアの海辺のレストランのもの、甘さは控えめ、大きさもスマートで、いかにもレストランらしく洗練されたイメージだったパンプローナのもの、アストゥリアス料理の店で、他のテーブルで食べているのがあんまりおいしそうなので思わず注文したら、予想に違わず完璧だったもの。どれもそれぞれに魅力がありましたが、ここでご紹介するのは、家庭向きの簡単なレシピです。ポイントは、切り分ける大きさ。小さすぎたり薄っぺらだったりすると、揚げにくい。大きすぎると、まわりが揚がっても中心部は冷たいのでおいしくない。ちょうどよい大きさに切って、短時間でサッと揚げるのがコツです。

カスタードのフライ

Receta

材　料（6人分）

牛乳……2カップ
シナモンスティック……1本
オレンジの皮……半個分
コーンスターチ……大さじ6
砂糖……½カップ
牛乳……大さじ2　卵……1個
小麦粉、卵、オリーブオイル……各適量

作り方

1 鍋に牛乳とシナモンスティック、オレンジの皮を入れて火にかけ温める。
2 ボウルにコーンスターチ、砂糖、牛乳を混ぜ合わせ、そこに卵も加えてさらに混ぜる。
3 2に1の牛乳を少しずつ加えてよく混ぜ、一度漉してから鍋にもどす。
4 3をコンロにかけ、しっかり煮たってとろみがつくまで加熱し、バットに流して冷ます。
5 四角く切り、小麦粉、卵をつけてフライパンに2cmくらいの深さに入れた200℃のオリーブオイルで揚げる。
★ 砂糖、シナモンパウダー、チョコレート、オレンジの皮（すりおろし）など（いずれも分量外）をかけて。

Buñuelos de plátanos

バナナの揚げ菓子

［ブニュエロス・デ・プラタノス］

バナナなんて子供のおやつ、
と思っていませんか？
ふんわりした揚げ菓子にすると、
大人のデザートにもぴったりです。
揚げたては、いくつでも食べられそう……。

「フライパンでできるフルーツ」。スペインでは、フライパンで揚げて作るお菓子を、こんなかわいい名前で呼びます。家にある材料で、手軽にすぐできるおやつ、ブニュエロスは、そんなお菓子の代表格です。中身はバナナに限らず、りんごやいちじくなど、お好きなフルーツで。揚げたてはフルーツの香りがプーンとして、どれもそれぞれに魅力的です。しかも、ブニュエロスというアイテムは、塩味でおつまみにも登場します。たとえば、タラを包んで揚げたものは、バルで人気のタパスです。でも、まずはデザートで試してください。

生地を用意して少し寝かせておく間に、好きなフルーツを選びましょう。キウイ？　いちご？　なし？　水気の多いフルーツで作る時は、衣をていねいにつけて、高温の油ですばやく揚げてください。水気が出ると油がはねて危ないです。

Receta

材　料（4人分）

バナナ……2本　レモン汁……小さじ2
ブランデー……小さじ1　小麦粉……½カップ
ベーキングパウダー……小さじ1
A｜オリーブオイル、白ワイン、砂糖…各大さじ2　卵…1個
揚げ油、粉砂糖……各適量

作り方

1 バナナは適当な大きさに切ってレモン汁とブランデーをかける。小麦粉とベーキングパウダーを合わせてふるっておく。
2 ボウルにAの材料を入れよく混ぜ合わせる。ふるった粉の上に注いでさっくりと混ぜて衣にし、冷蔵庫でしばらく寝かせる。
3 バナナに2の衣をつけ、フライパンに2cmくらいの深さに入れた200℃のオリーブオイルで短時間でこんがり揚げる。
4 オイルを切って粉砂糖をふりかける。

Quesada

カンタブリア風
ヨーグルトケーキ

［ケサーダ］

スペインで最初に滞在した北の町の名物で、
機会あるごとに食べていたケサーダは、
今でも大のお気に入り。コーヒーに合う
シンプルなデザートが欲しいときに作ります。
おだやかな北の港町と緑がみずみずしい
なだらかな沃野（よくや）をなつかしく思い出しながら。

「スペインの食はオリーブオイルが基本で、バターはお菓子にさえほとんど使わない」。この事実を、最初のうち私はあまり実感せずに過ごしました。スペインで1番酪農が盛んな地域である北部カンタブリア地方の海辺の町サンタンデールにいたからです。カフェで朝食に「トスターダ（トースト）」を頼めば、食パンにバターをたっぷりのせたトーストが出てくるし、ケーキもたっぷりバターを使った香りがする。おいしいものばかりの幸せな滞在でした。

だからそのあと南の方を旅して、トーストとしてバゲットパンをあぶって焼いたものにオリーブオイルを添えて出された時は、びっくりしました。料理だけでなく朝食のパンにもオリーブオイル、お菓子にもオリーブオイルでなければ、マンテカ（ラード）。これはもうカルチャーショックです。

今では、デザートを含めてなんでもオリーブオイルで作ることに何の疑問も異議もない私ですが、ときどき北の町のお菓子が恋しくなるのは、そんな昔への懐かしさがこもっているからかもしれません。

町からバスで小1時間、ベガ・デ・パスというなだらかな緑が続く渓谷の農家でごちそうになった、ケサーダのさわやかな酸味やソバオという四角く焼いたマドレーヌのようなお菓子の香ばしさとハーブティーの香り。自家製チーズの思いがけない複雑な風味。トイレが家の外にあるようなつつましい農家に、実は豊かな食があることへの驚き。そんな思い出が、このケーキから浮かび上がってきます。

名前はケサーダ、つまりケソ（チーズ）のお菓子といいながら、簡単に作れるようにと教えてもらったレシピはヨーグルトを使ったもので、ヨーグルトケーキとしてとても気に入っています。スペインのお菓子にしては、甘さ控えめです。数日は冷蔵庫で保存できるので、朝ごはんにもおやつにも、友達へのお土産にも、もちろんデザートにもどうぞ。

Filloas rellenas
ガリシア風クレープ

［フィジョアス・レジェーナス］

オリジナルはややクセのある味の、
冬だけ作られるクレープでしたが、
今では１年中楽しめるデザートになって
いろいろな味が生まれています。
今日は、何をはさんで食べましょうか？

「すべての豚にはサン・マルティンの日がやってくる」。これは「誰にも年貢の納め時はくる」という意味のことわざです。昔はスペインの村々ではたいてい豚が飼われていて、寒い季節になると村の人が総出でその豚をしめてハムや腸詰など1年間使うための保存食品を作るのが、大切な行事でした。それが始まるのが聖マルティンの日、つまり11月11日でした。「マタンサ」と呼ばれるその行事には、男性は豚をしめたり解体したり、女性たちはソーセージにするための肉をきざみ、味付けをしたり腸に詰めたりとそれぞれの仕事があり、子供たちはお祭りのようにはしゃいで走りまわっていて、豚のしっぽをカリッと焼いたものをおやつにもらったりしていました。そんな時の食事は、腸詰にした肉の余りを焼いたり煮込んだりしたもの。そしてデザートは血を使ったクレープ、つまりフィジョアスでした。だから、血で作るフィジョアスはマタンサがあった時しか食べられないものでした。

今では、ハムやソーセージはお肉屋さんやスーパーで買う時代になり、マタンサ自体が減ってしまいました。まして血で作るフィジョアスは、地元ガリシアでさえ、知らない若者も増えているに違いありません。そういって残念がっている私にガリシア出身の友達が教えてくれたのが、「固形スープで作るフィジョアス」です。牛乳で作るクレープとはひと味違う。温かい時はほのかにスープの香りがして、それでいてはちみつや甘いジャムが不思議とマッチします。エビやハム、ゆでた野菜などをはさめばおしゃれなオードブルにもなるので、いろんなシーンで活用できます。

私の1番のお気に入りは、アンズジャムをはさんだクラシックなタイプ。そこに、ガリシア名物の栗を甘く煮てのせたら、肉料理のあとにも魚料理のあとにもぴったりのデザートのでき上がりです。そしてガリシア名物のコーヒーのリキュールが欲しくなるのです。

Quesada
P98

Filloas rellenas

P98

カンタブリア風ヨーグルトケーキ

Receta

材　料（20㎝型１台分）

バター……50g
砂糖……¾カップ
卵……２個
レモンの皮（すりおろし）……½個分
レモン汁……½個分
ヨーグルト……125g
小麦粉……¾カップ
シナモンパウダー……適量
グラニュー糖……少々

作り方

1 ボウルにバター、砂糖を入れてよく練る。卵を１個ずつ加えてよく混ぜる。
2 すりおろしたレモンの皮、レモン汁を加え、ヨーグルトを加える。
3 ふるった小麦粉とシナモンパウダーを2に加え、そっと混ぜ合わせる。
4 オーブンシートを敷いた型に流し込み、上から少量のシナモンパウダーとグラニュー糖をかけ、210℃のオーブンで30分間くらい焼く。
5 冷めてから切り分ける。

ガリシア風クレープ

Receta

材　料（４人分）

卵……３個
スープストック（熱湯に固形スープを溶かす）……½カップ
牛乳……½カップ
小麦粉……¾カップ
オリーブオイル……適量
アンズジャム……適量
粉砂糖……適量
栗のシロップ煮……適量

作り方

1 ボウルに卵を入れて溶き、スープと牛乳、ふるった小麦粉を加えて混ぜ、30分寝かせる。
2 フライパンにオリーブオイルを少量なじませて熱し、1の生地を数回に分けて薄く流し入れて焼き、クレープを作る。
3 クレープのなかにアンズジャムを塗って丸め、粉砂糖をふる。
★ 好みで栗のシロップ煮やジャムを添えて。

Compota de peras

洋梨のワイン煮

［コンポータ・デ・ペラス］

スペインの洋梨はよく熟れていて甘く、
そのままで最高のデザートです。
そこにちょっとだけ手を加えて、
日本でもそのおいしさを再現してみませんか？

真夏の暑い街で、果物屋さんに並んでいるペラス（洋梨）に惹かれて数個買う。紙袋に入れてくれた梨は、お互いにぶつかりあっただけでもう果汁が出てくるくらい熟れていて、甘い香りがプーンとする……。そんな梨を、スペインでの夏の夕食代わりにしたことが、何度もあります。

梨は熟れきってから店に並ぶし、いちごはふぞろいでも大小取りまぜて売っているスペインの店頭を見ていると、これが自然な形だなと感じます。日本のように大きさや形が規格で定められている農作物、本当は不自然ですから。

固いうちに収穫して痛まないように販売されている日本の洋梨は、香りも味ももの足りないことが多くて残念ですが、コンポータ（シロップ煮込み）にするといっぺんにデザートらしいくっきりした味に生まれ変わります。

ワイン味のコンポートとはいっても、ワインで煮込むわけではないところがポイント。煮込む時に入れるのは砂糖のシロップだけですから、あとから好きな味にできます。ワインそのものの香りや味わいがきれいに残りますから、少し上等のお気に入りのワインを使ってみるのもおすすめです。

せっかくなので、少したっぷり洋梨を買って来て、赤ワインと白ワインを両方作ってみてはいかがでしょう？　よりスペイン的な味に仕上がるのは、アニスを加えた白ワイン風味。アニスは、スペインの料理にもデザートにも登場して、ちょっと風変わりだけれど魅力的な香りと甘い風味をつけ加えてくれるスパイスです。

いっぽうでき上がりの色が鮮やかでうれしくなるのは、赤ワイン風味。冷蔵庫で1日か2日置いておくと、きれいな赤い色に染まっていきます。つまり、味もしみて食べ頃です。

メインのお料理に合わせて、白か赤か。どちらも肉系統のお料理のあとにぴったりのデザートです。ホイップクリームやアイスクリームも添えて。

洋梨のワイン煮

Receta

材　料（4人分）

洋梨……2個
水……2カップ
砂糖……⅔カップ

白ワイン……1カップ
アニスシード……小さじ1
または
赤ワイン……1カップ
クローブ（ホール）……大さじ1

作り方

1 洋梨は皮をむいて半割りにし、芯を取る。

2 鍋に水と砂糖を入れて軽く煮立たせ、砂糖が溶けたら1の洋梨を加えて煮る。

3 フォークがスッと刺さるようになったら洋梨を取り出して容器に入れる。

4 3の煮汁に白ワインとアニスシードを加えて、ひと煮立ちさせる。洋梨にかけて冷まし、ひと晩以上なじませる。

★ 赤ワインとクローブでも、同様の作り方で。

Penas y duelos
con pan
son menos.

悲しいことも辛いことも、
お腹いっぱい食べたら
きっと乗り越えられる！

Manzanas asadas al jerez

シェリー酒味の焼きりんご

[マンサナース・アサーダス・アル・ヘレス]

小ぶりのりんごを丸ごと、
シェリー酒の香りで焼き上げる。
単純だけどぜいたくな味のデザートです。
りんごならさまざまな品種がある日本だから、
スペインよりおいしいものが
できるかもしれません。

スペインでは、りんごが育つのは雨の多い地方、そして豊かな水量の川の近くに限られます。だからスペイン北部から東海岸へと斜めに横切るエブロ川の流域が、食用りんごの主な生産地です。それに加えて北部の海沿いの地方もりんごが名物ですが、こちらはそのまま食べるのではなくシドラ（りんご酒）にするりんごです。牛が放牧されている沃野（よくや）、りんごの果樹園、入り組んだ海岸線と冷たく豊かな海……。「エスパーニャ・ベルデ（緑のスペイン）」と呼ばれる北部スペインには、ここが同じスペインかと不思議になるくらい、アラブ的な風物の多い南部とは異なる風土が広がっているのです。

それにしても、果物としてのりんごは、スペインではあまり大事にされていない気がするのは私だけでしょうか？　地中海系のオレンジやイチジクや、ジューシーな洋梨、サクッとして甘い黄桃など、あまりにもおいしい果物が豊富なため、りんごが地味な存在になっているだけかもしれません。そんななかで、昔から作られてきた焼きりんごは、人気のあるデザートとして定着しています。

この焼きりんごは、マドリードの古風な料理学校で教えてもらいました。校長先生のピラールが自ら教えてくれる料理はどれも、「古きよきスペイン」を思わせる優雅さで、時間のかかるものが多く、あわただしい現代生活とはいささかギャップがある気もしました。でも実際に習ったとおり作ってみると、どれも長年伝えられてきたレシピならではの魅力を感じさせてくれます。

「お客さまがいらした時のおもてなし料理」が得意なピラールが教えてくれたメニューのなかに、この焼きりんごがありました。これなら家庭のオーブンでも簡単。しかも、スペインのりんごは短い時間でうまく焼けることを発見した私は、ことあるごとに焼きりんごを作って、友達の家に持って行った

Manzanas asadas al jerez

りお父さんたちの家に差し入れしたりするようになりました。近くの八百屋さんに「りんご、よく使うねえ」と妙に感心されたほど。生のままでおいしいフルーツがあるのに、面倒なことをする日本人だと不思議がられていたのかもしれません。

ピラールが引退して老人ホームに暮らすようになってからも、何回か会いに行きましたが、日本でスペイン料理を教えているという私の報告を、いつもうれしそうに聞いてくれました。「あなたはよい時代に生まれたのよ」と言うピラールは、裕福な家庭に育ったけれど、仕事をする女性としてはそれなりに困難な時代に頑張ってきたのだろうなと、私は考えたものでした。

ピラールに教えてもらったクロケッタ、サラダのアリニャール（味つけ）、そして焼きりんごなどを今も教え続けることで、スペインの女性たちが母から娘へと受け継いできた家庭料理の伝統を日本でも伝えていくことができたら……。そんな願いを込めて、今日もキッチンに立ちます。

シェリー酒味の焼きりんご

Receta

材　料（2人分）

りんご……2個

バター……40g

砂糖……大さじ2

甘いシェリー酒（または白ワイン＋はちみつ）……大さじ6

水……適量

作り方

1 砂糖、シェリー酒を混ぜ合わせておく。

2 りんごの芯をくり抜き、耐熱容器に並べる。

3 くり抜いたところにバターを詰める。上から1をかける。

4 まわりに少量の水を入れて、ときどきりんごに水をかけながらやわらかくなるまで焼く。焼き時間はりんごの種類によって変わるが、30〜50分間。

5 りんごに火が通ったら、シェリー酒（分量外）をかけてさらに5分間焼く。

★ ホイップクリームを添えてもよい。

あとがき

家庭料理を通して
スペイン料理の
本質にふれる

齋藤 壽

さいとうひさし
「月刊専門料理」「料理王国」編集長、
「料理通信」編集主幹を経て、
北海道「美瑛料理塾」塾長。

料理雑誌の編集長をしている時に渡辺万里さんにお会いした。当時、日本にはスペイン料理を標榜するレストランは少なかった。というか、ほとんど数軒だったかもしれない。たいていはフラメンコの踊りを見せ、パエージャやガスパッチョ、サングリアといったスペインの代表的な料理や飲みものを提供していた。フランス料理を中心に、イタリアやスペインなどの料理をひと括りにして「西洋料理」と呼んでいた時代のことだ。

フランスで修業して帰ってきた若き料理人たちが活躍し始めた時代で、当然ながら我が料理雑誌も、新しい潮流が息づき、これまでになかった新しいフランス料理を取材し、フランス料理の技法や骨格そのものを極めたいと熱中していた。そんな時代だったから、スペイン料理のすばらしさを熱く語る渡辺さんの話は、興味はわいたものの取材したいという気持ちには正直いってあまりなれなかった。料理雑誌を編集しながら、恥ずかしながらパエージャやガスパッチョといった料理しか思い浮かぶことのない頭には、スペイン料理の広がりや深さに興味をもつには、何か強烈な経験が必要だったのだろう。今のスペインの料理界のような動きは、当時は想像もできなかったのだ。

そこでスペイン料理とは何ぞや、という初歩の段階から渡辺さんに書いてもらうことをお願いした。スペインの郷土料理の豊かさを、実際に経験した話や勉強してきたことを中心に書いていただくことにしたのだ。

結果的には、失礼ながら彼女の書くスペイン料理の話は、とてもおもしろかった。わからないくせにいろいろ求める編集者の要求に応えて、渡辺さんはきっといろいろ文献にもあたってくれたのだろうと思う。フランスとも違うこんな豊かな食文化がスペインにも存在しているのだ、と目を開かせてくれた。歴史的にはアラブ人の支配下に置かれた長いイスラム教の時代を経てキリスト教文化になり、さらにはフランコという独裁時代を経て現代につながるスペインという国の食文化に大いに興味がわくようになった。

現代の世界の料理界では、スペインが最先端を走っていると、プロの料理人でなくても、多少料理に興味を持っている人なら皆、思っているはずだ。しかしそれは、ここ20数年のことなのだ。それまでは日本にとってはスペイン料理といえばパエージャであり、ガスパッチョだったのだ。サンセバスチャンでの料理学会やマドリードでのマドリード・フュージョンなどここ10年余りの急激なスペインの動きは、フランコの独裁時代が終わって、急激にスペイン自体が動き始めた、という印象が強い。

渡辺さんの上手な導きで、実はスペインのレストランも現代では大きく変化しているのだと教えられて、ついにある年にスペインのレストランを実際に撮影取材することをお願いして、日本の読者にスペインの料理の動きを紹介することになった。サンセバスチャンの「アルサーク」くらいしか知らなかった編集部は、「エル・ブジ」のフェラン・アドリアを始め、革新的な料理を作るスペインの料理人たちを渡辺さんの取材で知るようになるわけだが、寂しいことに日本の読者の反響はいまいちだった。たとえばフェラン・アドリアの「エル・ブジ」が三ツ星をとった時でさえ、それを取材した雑誌への反響は、思ったほどではなかった。火がついたのは、亡きジョエル・ロブションが絶賛してからだ。

このように郷土料理からプロの料理まで、スペイン料理を日本に紹介することに情熱を傾けてきた渡辺さんは「スペイン料理文化アカデミー」を主宰して、料理だけでなく、ワインやチーズなど多様なスペインの食文化を日本に紹介してきた。その彼女が今度、料理の原点である家庭料理の

本を作ると聞いて、読ませていただいた。この本を読みながら、あるフランスの女性料理ジャーナリストとの会話を思い出した。アラン・デュカスの料理を食べながら、彼女は次のように話してくれた。「これはこの地方の料理の香りを感じるわ」とか「この料理を食べると子供の頃母親がよく作ってくれたあの料理を思い出すのよ」、と解説してくれたのだ。

渡辺さんは長いこと、日本とスペインを半々に住みながらスペイン料理を研究されてきた。この本は紛れもなくスペインという国で生活して料理を体験した人でなくては書けない家庭料理の本である。しかも日本の家庭でも作ることができるように書かれている。今流行のどんなスペイン料理を学ぶより、まずはこの本でスペイン料理の本質に触れることができるに違いない。家庭料理こそ、すべての料理の原点といっていいからである。

レシピの見方

- 料理写真の上にあるページ数はレシピのページを表しています。
- 大さじ１は15mℓ、小さじ１は5mℓ、１カップは200mℓです。
- にんにく、じゃがいも、玉ねぎは指定したもの以外は皮をむいて使ってください。
- レシピ上にある丸とは丸のまま、の意味です。
- 土鍋はスペインのカスエラ・デ・バロ（素焼きの土鍋）を使うとベストですが、日本の土鍋または厚手の鍋でもおいしくできます。
- ビネガーは白ワインビネガーまたは果実酢を使ってください。
- サフランは、軽くつぶしてから少量の熱湯で溶いて、熱湯ごと加えます。
- パプリカはパウダー状の調味料です（P25参照）。大きめのピーマンではありません。
- 小麦粉は薄力粉を使ってください。
- スープストックは固形スープを熱湯で溶かしたものを使ってください。固形スープに対して溶かす湯の量は商品ごとに異なりますので説明書きに準じてください。

スープストックから作って本格派をめざす方は以下のレシピをどうぞ。

魚のスープストック

材　料（作りやすい分量）

タイなどの白身魚の頭（半分に割って）……２尾分
オリーブオイル……少々
水……１ℓ
ローリエ……２枚
パセリ……２本

作り方

1. 鍋にオリーブオイルを入れて火にかけ、白身魚の頭を入れて強火で少しソテーする。
2. 水を加え、煮立ったらアクをすくう。
3. ローリエ、パセリを加え、30~40分間弱火で煮る。
4. 網で漉し、スープだけ冷蔵または冷凍で保存する。

チキンスープストック

材　料（作りやすい分量）

鶏肉（できるだけ骨のある部位を入れて）……400g
水……１ℓ　玉ねぎ（半割り）……½個
にんじん（皮ごと輪切り）……½本
パセリ（軸ごと）……２本
ローリエ……１枚

作り方

1. 鍋に鶏肉と玉ねぎ、にんじんを入れて水を注ぎ、火にかける。
2. 煮立ったらしばらくアクをすくいとり、パセリ、ローリエを加え、弱火にして30~40分間煮る。
3. 網で漉し、スープだけ冷蔵または冷凍で保存する。

●豆の水煮は冷凍または缶詰、瓶詰を使ってください。冷凍の場合は解凍せずにそのまま、缶詰や瓶詰は水気をきってください。

●乾燥豆を使う場合は以下の方法でもどしてください。ゆでた豆は冷蔵または水をきってから冷凍して保存してください。

乾燥豆のもどし方

【ガルバンソ(ひよこ豆)】
重曹を加えた水に24時間くらい浸ける。水をいったん捨て、たっぷりの水でやわらかくなるまで1〜1時間半くらいゆでる。

【白いんげん・金時豆】
12時間(ひと晩目安)水に浸けてから、水をいったん捨て、たっぷりの水でやわらかくなるまで1時間くらいゆでる。

Salsa ソース

スペイン料理には独立したソースというものがほとんどありません。土鍋のなかでグツグツ煮込むと、魚とソースが一度にでき上がるといった料理が多いからです。それでも、ぜひ知っていてほしいソースがこのふたつ。マヨネーズとトマトソースです。オリーブオイルで作る香りのよいマヨネーズも、パプリカの効いたトマトソースも、いろいろな料理に活躍させてください。

Mayonesa [マヨネッサ]
マヨネーズ

材　料（作りやすい分量）
卵黄……1個
オリーブオイル……200mℓ
レモン汁……小さじ2
塩……小さじ½

作り方
1 ボウルに卵黄を入れ、泡立て器でよく撹拌する。
2 白っぽくクリーミーになったら、少しずつオリーブオイルを加えながらさらに泡立てる。
3 オリーブオイルがすべて入ったら、レモン汁を加え、塩で味をととのえる。
★ 冷蔵庫で冷やして、数日中に使い切ること。

Salsa de tomate [サルサ・デ・トマテ]
トマトソース

材　料（作りやすい分量）
ホールトマト(400g)……1缶
オリーブオイル……大さじ3
塩……小さじ½　砂糖……小さじ2
パプリカ……小さじ2

作り方
1 ホールトマトをよくつぶし、ヘタや皮があったらとりのぞいてから鍋に入れる。
2 すべての調味料を加え、弱火で20分間ほど煮詰める。
★ 冷めたら清潔な器に入れて、冷蔵庫で保存。1週間以内に使い切ること。

本書に登場する地名

España
Cantabria
カンタブリア
Navarra
ナバラ
Asturias
アストゥリアス
País Vasco
パイス・バスコ（バスク）
Francia
Andorra
Galicia
ガリシア
La Rioja
ラ・リオハ
Cataluña
カタルーニャ
Castilla y León
カスティージャ・イ・レオン
Aragón
アラゴン
Madrid
マドリード
Portugal
Comunidad
Valenciana
バレンシア
Castilla-La Mancha
カスティージャ・ラ・マンチャ
Extremadura
エストレマドゥーラ
Mar Mediterráneo
Andalucía
アンダルシア
Región de
Murcia
ムルシア
1
2
3
4
5
6
7
8
9
10
11
12
13
14
15
16
17
18
19
20

1 Burgos ブルゴス

2 Meneses de Campos メネセス・デ・カンポ

3 Gijón ヒホン

4 San Sebastián サン・セバスチャン

5 Tolosa トロサ

6 Bilbao ビルバオ

7 Santiago de Compostela サンティアゴ・デ・コンポステーラ

8 Pamplona パンプローナ

9 Gandía ガンディーア

10 Jijona ヒホーナ

11 Guadalupe グァダルペ

12 Málaga マラガ

13 Cádiz カディス

14 Córdoba コルドバ

15 Baena バエナ

16 Granada グラナダ

17 Madrid マドリード

18 Santander サンタンデール

19 Barcelona バルセロナ

20 Calatrava カラトラバ

時代とともに、美食をキーワードにして観光が展開するようになってきたスペインで、最新のガイドブックや地図とにらめっこしながら各地を旅しました。

地方の主要な町はすべて。小さくても、何か食べ物で知られている町や村はほとんど全部。ピーマンの畑を見るためだけに訪れた村。トルティージャのコンテストのために何年も通った町。そういう旅のなかで、素敵な料理や素敵な人たちと出会ったことが、何よりの私の財産です。

©Matao Ogata

渡辺万里（わたなべまり）

スペイン料理研究家。大学在学中にスペインと出会い、スペイン料理をライフワークと決める。以来、日本とスペインを行き来しながら各地方の伝統料理を学び、同時にスペインのトップシェフたちと交流してスペインの美食を日本に紹介してきた。現在は東京・目白を拠点として執筆・講演などで活躍している。趣味は、スペイン人の夫（ギタリスト）の伴奏でフラメンコを踊ること。スペイン料理文化アカデミー主宰。

著書に『修道院のウズラ料理――スペン料理七つの謎』（現代書館）、『スペインの竈から――美味しく読むスペイン料理の歴史』（現代書館）、『エル・ブジ　至極のレシピ集――世界を席巻するスペイン料理界の至宝』（日本文芸社）などがある。

https://academia-spain.com/

編集・構成：土田美登世　撮影：海老原俊之　ブックデザイン：高橋美保
調理助手：三谷智佐子　スペイン語協力：株式会社アセルカテ

毎日(まいにち)つくるスペインごはん

オリーブオイルと、卵(たまご)と、じゃがいもと……

発行日　2019年6月4日　第1版第1刷発行
　　　　2024年5月10日　第1版第2刷発行

著　者　渡辺万里
発行者　菊地泰博
印刷所　平河工業社（本文・カバー・帯）
　　　　東光印刷所（表紙）
製本所　鶴亀製本
発行所　株式会社現代書館
　　　　〒102-0072 東京都千代田区飯田橋3-2-5
　　　　電話 03-3221-1321　FAX 03-3262-5906　振替 00120-3-83725
　　　　http://www.gendaishokan.co.jp/

ISBN978-4-7684-5859-4